Ein kulinarisches Rendezvous mit

# Portugal

100 erlesene Rezepte

Gerda Rob · Odette Teubner

# Ein kulinarisches Rendezvous mit Portugal

100 erlesene Rezepte

MIRA

© MIRA Verlag
D-74653 Künzelsau, Maybachstraße 6
Nachdruck verboten
Alle Rechte vorbehalten
Printed in Germany
Projektleitung:
Rudolf Werk
Text und Rezepte:
Gerda Rob
Food-Fotografie:
Odette Teubner

ISBN: 3-89222-205-3

# Inhalt

Mit Phantasie und Wagemut:
die Küche der Entdecker
6

Minho und Douro Litoral
8

Beira Alta, Trás-os-Montes
und Alto Douro
38

Beira Litoral und Beira Baixa
68

Estremadura und Ribatejo
96

Alentejo
130

Algarve
158

Madeira und die Azoren
186

Register
214

# Mit Phantasie und Wagemut: die Küche der Entdecker

Wo das Meer Portugals Küsten rahmt wie ein schönes Bild, wo das Licht Europas äußersten Südwesten verzaubert und blendet, wuchsen das Fernweh und die Sehnsucht der Menschen nach unbekannten Ufern. Die Geschichte Portugals ist eine Geschichte der Seefahrt, der Entdeckungen, des Wagemuts, der Sternstunden und der Katastrophen. Eine der ältesten Nationen Europas wurde zwar von Römern, Westgoten, Arabern und Spaniern in Kriege verwickelt, besiegt, bedrängt, kolonisiert, doch die Portugiesen selbst zeigten kaum binnenländische Eroberungsgelüste. Als Lusitanien, wie die Römer das Land nannten, nach der erfolgreichen *Reconquista* wieder fest in ihrem Besitz war, stürmten sie über die sieben Weltmeere fernen, geheimnisvollen Ufern zu.
Sie nahmen das an der Küste Marokkos gelegene Ceuta in Besitz, entdeckten Madeira, die Azoren und die Kapverdischen Inseln. Bartolomeu Diaz umsegelte das Kap der Guten Hoffnung, Vasco da Gama erreichte auf dem Seeweg Indien, und Pedro Álvares Cabral landete in Brasilien.
Um die Mitte des 16. Jahrhunderts lebte rund die Hälfte der Portugiesen an den Küsten Afrikas und Indiens, auf Ceylon, Malakka, den Molukken und in Brasilien. Die wagemutigste Nation der Welt scheffelte Gewürze, Gold, Diamanten, Sklaven und sorgte für den ständigen Austausch von Nahrungsmitteln und Kochrezepten zwischen der Neuen und der Alten Welt.
Wäre die Zeit um 1560 stehengeblieben, gehörte ein großer Teil der südlichen Welthalbkugel heute noch Portugal. Doch das Glück war nicht endlos: Unstillbare Unternehmungslust überforderte das Land. Es zerbrach an den Verstrickungen von Kühnheit, innerer Unruhe, Fernweh und Besitzgier. Es verlor seine überseeischen Besitzungen, seinen Reichtum, seine Weltgeltung.
In Portugals Küche aber schmeckt man die große Geschichte der kleingewordenen Nation heute noch intensiv nach. Auf die Keltiberer geht die Passion der Portugiesen für Schweinefleisch zurück, das sie nun zu berühmten Schinken und Würsten verarbeiten.
Mit den Römern kamen Zwiebeln und Knoblauch, Oliven und Trauben, Weizen, Gerste, Hirse und viele Gemüse und Kräuter ins Land. Die Söhne des Propheten, die jahrhundertelang über Lusitanien herrschten, verwandelten die Landschaft im Süden mit neuen Bewässerungstechniken in einen blühenden Garten, in dem Mandel-, Pflaumen- und Aprikosenbäume, Zitrusfrüchte, Feigen und Reis gediehen.
Durch die Erfolge der Entdecker wurde Lissabon zum größten Stapelplatz exotischer Gewürze. Schiffsladungen voll Pfeffer und Curry, Ingwer, Zimt und Nelken, Safran, Korinthen und Muskat brachten enorme Gewinne. Im Schatten der Gewürze fanden Tomaten, Pfefferschoten, Kartoffeln, Kakao, Bananen, Melonen und Ananas ihren Weg über den Atlantik nach Portugal und dem übrigen Europa.
Zwar blieb die portugiesische Küche bodenständig, aber in das Bodenständige mischte sich das Besondere, der Geruch und der Geschmack der fernen Länder, über denen die Flagge Portugals einmal wehte. Nun schmecken viele Fischsuppen nach Safran oder scharfen Gewürzen, und der heißgeliebte Kabeljau aus dem Meer wird mit sonnensatten Oliven garniert.
Zartes Schweinefleisch und Räucherschinken gehen eine innige Verbindung mit jungen Muscheln ein. Kräftige Brotbreie werden mit Korianderblättern

verfeinert. Forellen garen in Rohschinkenscheiben. Saucen werden mit Pfefferminze gewürzt, Reis mit Curry, manche Fischgerichte mit Ingwer. Meeresfrüchte, Hühnchen und Eintöpfe bekommen durch die Verwendung von *Piri-piri* eine scharfe, afrikanische Note, und die unendlich vielen *Doces de ovos*, all die verführerischen, appetitlich aussehenden Eiersüßigkeiten, duften nach Ceylonzimt und Orangenblüten.
Die Einteilung Portugals in Küchenregionen entspricht den landschaftlichen und den unterschiedlichen klimatischen Gegebenheiten. Vom gartenähnlichen Minho im Norden bis zum trockenen afrikanischen Süden der Algarve wechseln bizarre Küstenlandschaften mit sattgrünen Weiden, karges, *Montanha* genanntes Bergland mit horizontweiten Ebenen, urtümliche Sumpf- und Lagunenlandschaften mit fruchtbaren Flußtälern.
Vieles erscheint kleinräumig, die Landschaft ein Mosaik, die Menschen so mannigfaltig wie die Regionen, ihre Küche so unterschiedlich wie die Fruchtbarkeit des Bodens und der Fang der Fischer aus Meer und Fluß.
Trotz der allumfassenden Vorliebe der Portugiesen für den luftgetrockneten Kabeljau, für dampfende Fischtöpfe, für gebratene Spanferkel und Zicklein und für zuckrige Eierspeisen, trotz einer fast landesweiten Vorliebe für Olivenöl und Knoblauch blieb die Regionalküche nach alten Familienrezepten erhalten. Sie ist phantasievoll, variantenreich, zuweilen sogar wagemutig in ihren Kompositionen.
Auch die portugiesische *Nouvelle cuisine* schöpft aus der Kochtradition, wandelt die Rezepte jedoch eigenwillig ab, interpretiert sie neu und kreiert überraschende, originelle Gerichte, die den Gaumen fordern und erfreuen. Es lohnt sich, die bodenständige und die moderne Küche der Entdecker mit neugieriger Zunge kennenzulernen, zu erforschen und nachzukochen.

# Minho und Douro Litoral

Der Atlantik prägt den Minho, er rollt gegen sanfte Strände, läßt seine Winde und seine Wolken gegen das Land stürmen, macht es regenreich und fruchtbar. Die Menschen reden vom »grünen Minho«, vom »Garten Portugals« mit seinen von Feldsteinmauern eingegrenzten Äckern, die zwei Ernten tragen, von der *Costa Verde* (Grüne Küste) mit der würzig frischen Luft und dem reinen Geruch der Pinien- und Eukalyptuswälder, vom *Vinho verde*, dem jungen, herben, »grünen Wein«, dessen Reben hochgezogen an Bäumen oder Pergolen wachsen.

Der Minho im äußersten Nordwesten Portugals ist eine volle, runde, schöne Landschaft, der die mediterrane Heiterkeit fehlt. Der Blick der *Minhotos* verliert sich an das Meer und an die weiten Hügelterrassen, die ostwärts in der Serra do Gerês bis 1536 Meter ansteigen. In den Flußtälern von Minho, Lima und Cávado findet man typische Dörfer, granitgrau, erdschwer, ernst. Kleinbauernland, in dem die Weinreben an Stützbäumen, Spalieren oder Kreuzen hochgezogen werden, damit die Trauben vor einem Pilzbefall bewahrt werden.

Überall in der Landschaft sieht man die typischen *Espigueiros*, die Vorratsspeicher auf dem hohen Granitsockel, und zuweilen ziehen langhornige Rinder noch die schweren Ochsenkarren über die Plattenwege. Die Vergangenheit ist in dieser Landschaft allgegenwärtig. Die Städte sind streng, fromm, würdig: Braga war schon den Römern wichtig, und in Guimarães gründete Afonso-Henriques 1139 das Königreich Portugal.

Die Küche der Minhotos lebt vom Meer, von den Gärten und Äckern, sie ist eine Küche der Fischer und Bauern, die mit Marinaden aus Wein, Lorbeer, Knoblauch und dem scharfen Malaguettapfeffer *Piri-piri* umzugehen weiß. Neben Meeresfrüchten in vielfältigen Zubereitungsarten garen in Tontöpfen köstliche *Caldeiradas*, reiche Fischsuppen, zuweilen aus Aalen, oft in einer cremigen, scharfen Safransauce. Phantasievoll sind die Gerichte aus *Bacalhau*, Klippfisch, aus *Lampreias*, Neunaugen, *Sáveis*, Alsen, die man im Frühling aus den Flüssen fischt, aus *Sardinhas* und *Polvos*, Tintenfischen, die mit Speck zubereitet werden.

Einige typische Speisen des Minho haben längst das ganze Land erobert, so zum Beispiel *Caldo verde*, eine Suppe aus Grünkohl mit honigfarbenem, *Broa* genannten Maisbrot, *Frango com vinho verde*, Hähnchen mit grünem Wein, *Rojões*, marinierte und gebratene Schweinefleischwürfel, oder die Reisgerichte, allen voran *Arroz de pato*, Entenreis aus Braga, sowie die *Frigideiras*, fleischgefüllte Pastetchen.

Die Süßspeisen, die vielen kunstvollen *Doces de ovos* aus großen Mengen Zukker und Eiern, *Rabanadas*, geröstetes Brot in Zuckersauce, *Sonhos*, Brandteigküchlein, *Leite-creme*, eine Milchcreme mit Portwein, *Mel folhas*, Honigblätter, und die traditionellen Biskuitkuchen mit Portwein, *Pães-de-ló*, werden nach wie vor liebevoll zubereitet.

Douro Litoral repräsentiert den südlichen Abschnitt der Costa Verde, die landeinwärts in welliges, grünes Land bis hin zum Rio Tâmega und zur bewaldeten Serra do Marão übergeht. Porto, an der Mündung des Douro gelegen, ist die tonangebende Stadt. Durch die Finanz- und Handelsmetropole des Nordens weht der Geist der Geschäftstüchtigkeit. Heinrich der Seefahrer rüstete hier seine Entdeckerflotten aus. Der Portwein, der flußaufwärts im *País do Vinho*, dem »Weinland«, ge-

keltert und im Vorort Vila Nova de Gaia in mächtigen Holzfässern gelagert wird, geht von hier aus in alle Welt.
Die Portuenser sind eilige, gewinnorientierte Menschen, ihnen fehlt die *Paciência*, Geduld, und Gelassenheit der übrigen Portugiesen. Die Mühe, Rezepte zu erfinden, überließen sie lieber dem Einfallsreichtum von Fischerfrauen, den *Minhotos* und den Bewohnern der Gebirgsregionen.
Ihr eigener Beitrag zur portugiesischen Landesküche besteht eigentlich nur aus Meeresfrüchtegerichten mit Portwein, aus Stockfischpfannen wie *Bacalhau à Ze do Pipo* und *Bacalhau à Gomes de Sá*, aus *Tripas à moda do Porto*, den Kutteln mit weißen Bohnen, und *Sarrabulhos*, unterschiedlichsten Gerichten mit gekochtem Schweineblut.
Zu den typischen Gerichten in Portugals Nordwesten gehören natürlich die leichten, spritzigen *Vinhos verdes*. Zum Dessert kommt nur einer der berühmten *Vinhos do Porto* von den terrassierten Hängen des oberen Douro in Frage.

*4 EL Olivenöl
2 kleine Zwiebeln
1 Knoblauchzehe
Salz
600 g Kartoffeln
400 g Couve galega, ersatzweise Grünkohl, Spinat, Blumenkohlblätter, Lattich oder Mangold
Pfeffer
200 g Chouriço de carne oder geräucherte, mit Paprika und Knoblauch gewürzte Schweinefleischwurst*

# Caldo verde à minhota

Grüne Suppe nach Art des Minho

*2 EL Olivenöl in einem großen Topf erhitzen. Die feingeschnittenen Zwiebeln und die kleingehackte Knoblauchzehe mit etwas Salz mischen und glasig anrösten. Geschälte, in dünne Scheiben geschnittene Kartoffeln dazugeben, kurz anbraten, so viel Wasser angießen, daß alles gut bedeckt ist, und die Kartoffelscheiben bei mäßiger Hitze weich kochen.
Topf vom Herd nehmen, die Kartoffeln pürieren und den Brei ins Kochwasser zurückgeben. Die in fadendünne Streifen geschnittenen Kohl- oder Gemüseblätter, Salz und Pfeffer hinzufügen, zum Kochen bringen und bei starker Hitze kochen lassen, bis der Kohl weich ist.
Wurst in einer kleinen Pfanne mit reichlich Wasser zum Kochen bringen, 12–15 Minuten köcheln lassen, herausnehmen und in Scheiben schneiden.
2 EL Olivenöl in die Suppe mischen, die Wurstscheiben einlegen und 2–3 Minuten erhitzen. Die fertige Suppe in Tonschalen gießen und mit frischem Brot, am besten paßt natürlich Maisbrot, auf den Tisch bringen.*

Vom Minho aus eroberte der kräftige *Caldo verde* in einem Siegeszug ohnegleichen die Küchen ganz Portugals. Am Familientisch, in den Restaurants, in den *Tascas* genannten kleinen Kneipen, überall wird die beliebteste Suppe des Landes mit Begeisterung gelöffelt. Wirklich stilecht, in schön verzierten Tonschalen, mit nach Knoblauch duftenden Scheiben von *Chouriço de carne* und ofenfrischem *Broa*, Maisbrot, kommt die Suppe jedoch zumeist nur in ländlichen Gegenden auf den Tisch.
*Couve galega*, der intensiv grüne, zartblättrige, langstielige Kohl, der dem Caldo seine frische Farbe verleiht, gedeiht im spanischen Galicien und in Teilen Portugals. Im Minho, wo die Kleinbauern jeden Flecken Boden nutzen, wächst er oft unter dem dichten Blätterdach der Reben des *Vinho verde*. Im Ausland ist Couve galega allerdings kaum zu bekommen, daher muß man sich mit den Blättern von Grünkohl, Mangold, Blumenkohl, Lattich oder Spinat behelfen.
Um das Maisbrot herzustellen, mischt man ½ Liter lauwarmes Wasser, ein Päckchen Hefe und 280 Gramm Mehl zu einem Vorteig, den man bei Raumtemperatur 1 Stunde gehen läßt. Gleichzeitig werden 450 Gramm grobes Maismehl, 2 TL Salz und ½ Liter heißes Wasser gut verrührt und für 1 Stunde beiseite gestellt. Anschließend vermengt man den Vorteig mit der Maismischung, deckt den Teig mit einem Tuch zu und läßt ihn nochmals 2 Stunden gehen. Nachdem der Teig leicht aufgegangen ist, knetet man ihn sanft durch, füllt ihn in zwei mit Butter bestrichene Brotformen, wo er wiederum 2 Stunden unter einem Tuch ruhen soll, und bäckt ihn dann im vorgeheizten Backofen goldbraun.

*300 g Hühnerleber*
*1 Lorbeerblatt*
*4 EL trockener Portwein*
*50 g Butter*
*2 Schalotten*
*Salz*
*Pfeffer*
*1 Spritzer Zitronensaft*
*8 kleine Weißbrotscheiben*
*100 g frische, weiche Butter*
*8 entsteinte grüne Oliven*

*Hühnerleber in kleine Würfel schneiden, in einen tiefen Teller legen, das zerkrümelte Lorbeerblatt darauf verteilen, mit Portwein beträufeln und 1 Stunde ziehen lassen.*
*Die Butter erhitzen, feingewürfelte Schalotten hinzufügen, glasig rösten, die aus der Marinade genommenen, gut abgetropften Leberwürfelchen einlegen und 2–3 Minuten darin schwenken. Mit der Marinade ablöschen, kurz schmoren, mit Salz, Pfeffer und Zitronensaft abschmecken. Leberwürfel aus der Pfanne heben und die Sauce etwas einkochen lassen.*
*Weißbrotscheiben goldbraun toasten. Die Hühnerleber durch ein Sieb passieren, mit der Sauce und frischer, weicher Butter vermischen, auf den Brotscheiben verteilen, mit kleingehackten Oliven bestreuen und sofort heiß servieren.*

# Torradas à moda do Minho

Weißbrot mit Hühnerlebercreme

Ein portugiesisches Sprichwort lautet: »Gewähre einem Gast Zuneigung, Schatten und kleine Imbisse, das wird sein Herz öffnen und seine Zunge lösen.« Seit Jahrhunderten ist es in Portugal Brauch, den Gästen *Petiscos*, Appetithappen, anzubieten. Oft bestehen sie aus marinierten Oliven und Lupinenkernen, kleinen Wurststücken, Käsewürfelchen, adrett zugeschnittenen Gemüsestangen mit verschiedenen Dips, Tomatenscheibchen mit Käse, eiskalten Melonenwürfeln oder *Torradas* mit den verschiedensten Auflagen.
Torradas sind in ihrer ursprünglichen Form zwei dünne Weißbrotscheiben, die getoastet und mit gesalzener Butter bestrichen werden. Dann legt man die beiden Scheiben aufeinander und läßt sie sich heiß zum Frühstück schmecken. Torradas mit aufwendigeren Auflagen reicht man als Vorspeise, als Appetithappen zu einem Glas Wein oder als kleines Zwischengericht.
Zu unserer Kreation aus der Gegend von Porto trinkt man natürlich am besten einen trockenen weißen Portwein. *Dry White Port* aus weißen Trauben verschiedener Jahrgänge eignet sich darüber hinaus auch als Aperitif. Man serviert ihn gut gekühlt, bei einer Kellertemperatur von zehn bis vierzehn Grad Celsius, mit einem Tropfen Zitronensaft oder mit einer Zitronenscheibe. Kenner sagen, der Geschmack des Portweins komme besonders gut zur Geltung, wenn man ihn ein Weilchen im Mund tanzen läßt. Dann entfaltet er ein mildes Feuer am Gaumen und eine dezente Süße auf der Zunge.

*5 Eier, 1 kleine Zwiebel
20 g Butter
2 EL feingehackte Petersilie
50 g kleingehackte Räucherwurst
1 TL Olivenöl
Salz, Pfeffer (Mühle)
geriebenes Weißbrot
etwas Mehl, Öl zum Ausbacken*

*Für die Sauce:
2 EL Basilikumblätter
1 EL gehackte Petersilie
2 gewässerte Sardellenfilets
1 hartgekochtes Ei, 1 EL Pinienkerne
1 EL Weinessig, 4 EL Olivenöl
Salz, Pfeffer (Mühle)*

*4 Eier hart kochen und abkühlen lassen. Die Eier schälen, der Länge nach teilen, das Eigelb vorsichtig herausheben, in eine Schüssel legen und zerdrücken. Zwiebel kleinhacken, in Butter glasig rösten, mit 1 EL Petersilie und der Räucherwurst unter das hartgekochte Eigelb mischen. Etwas Öl unterrühren, die geschmeidige Masse mit Salz und Pfeffer abschmecken und zurück in die Eierhälften füllen.
1 rohes Ei verquirlen, das geriebene Weißbrot mit 1 EL Petersilie vermischen. Die gefüllten Eierhälften in Mehl wenden, durch das verquirlte Ei ziehen und in das mit Petersilie vermengte geriebene Weißbrot drücken. In heißem Öl schwimmend goldbraun backen.
Alle Saucenzutaten außer den Gewürzen im Mixer pürieren, dann mit Salz und dem frisch gemahlenen Pfeffer abschmecken. Die* Ovos verdes *mit der Sauce anrichten.*

# Ovos verdes

Grüne Eier

Der malerische Marktflecken Barcelos am Nordufer des Flusses Cávado ist nicht nur wegen seiner Geflügel- und Eierrezepte, sondern auch wegen seiner volkstümlichen Keramiken bekannt. Aus diesem Städtchen stammen die charakteristischen Hähne in allen Größen, die mit ihren tiefroten Kämmen nicht nur zum Symbol des Landes, sondern auch zu seinem beliebtesten Souvenir wurden. Jedes portugiesische Kind kennt die Sage vom *Galo de Barcelos,* dem Hahn von Barcelos: Als ein Pilger, der auf dem Wege nach Santiago de Compostela war, hier Rast machte, wurde er fälschlich des Diebstahls bezichtigt, vor den Richter geschleppt und von diesem kurzerhand zum Tod durch den Strang verurteilt. In seiner Not bat der verzweifelte Mann den heiligen Jakobus um Hilfe. Tatsächlich erreichte er, daß er dem Tribunal noch einmal vorgeführt wurde.
Der Richter saß gerade erwartungsfroh bei Tisch und wollte eben beginnen, einen knusprig gebratenen Hahn zu zerteilen. »Oh Herr«, rief der Unglückliche aus, »dieser Hahn soll für meine Unschuld zeugen. Gleich wird er wieder zum Leben erwachen, mit den Flügeln schlagen, sich erheben und krähen.« So war es, das Wunder geschah, der Hahn auf der Tafel erhob sich und krähte laut, das beeindruckte Gericht gewährte dem Pilger die Freiheit, und dieser stiftete zum Dank einen tönernen Hahn für die Kirche von Barcelos.

## Arroz de pato à moda de Braga

Entenreis nach Art von Braga

*1 bratfertige Fleischente (etwa 2 kg)*
*200 g Presunto-Schinken oder magerer Räucherschinken*
*1 Chouriço oder geräucherte Schweinswurst*
*5 Petersilienzweige*
*1 TL Zitronensaft*
*Salz, Pfeffer*
*80 g Butter, 2 Schalotten*
*1 Thymianzweig, 1 Lorbeerblatt*
*1 Streifen blanchierte Zitronenschale*
*1 EL Olivenöl, 1 kleine Zwiebel*
*250 g Reis, 3 EL Weißwein*
*1 Messerspitze Safran*

*Zum Garnieren:*
*1 Zitrone, 1 EL gehackte frische Minzblätter*

*Die beiden Brusthälften und die Keulen der Ente ablösen. Den Rumpf zusammen mit Schinken, Wurst, Petersilie, Zitronensaft, Salz und Pfeffer in reichlich Wasser gar kochen.*
*Den Entenrumpf aus der Brühe nehmen, Schinken und Wurst in dicke Scheiben schneiden und beiseite legen. Brühe aufbewahren.*
*Entenbrusthälften und -keulen salzen, in Butter anbräunen, die ganzen Schalotten, den Thymianzweig, das Lorbeerblatt und den Streifen der Zitronenschale hinzufügen und im Backofen braten. Bei Bedarf ein wenig Brühe angießen.*
*Olivenöl erhitzen, die kleingehackte Zwiebel kurz andünsten, den Reis dazugeben und gut durchrühren, bis er glasig wird. Mit Weißwein ablöschen, Safran hinzufügen, 1/2 l Entenbrühe angießen und den Reis zugedeckt etwa 18 Minuten auf kleiner Flamme garen.*
*Den fertigen Reis auf einer großen, gut vorgewärmten Platte verteilen, Schinken- und Wurstscheiben kurz im Bratenfond der Ente erhitzen und darüberlegen. Die gebratenen Enteteile halbieren und die Stücke gefällig auf dem Reis anordnen. Den Bratenfond über die Ente gießen. Das Gericht mit Zitronenachteln und Minze garnieren und sofort servieren.*

Dom Diogo de Sousa, ein reicher, kunstsinniger Prälat, gab Braga im 16. Jahrhundert nicht nur elegante Paläste und schöne Brunnen, dem Freund lukullischer Gerichte verdankt die altertümliche, fromme Stadt auch die Vorliebe für den Entenreis. Einem Gerücht zufolge gibt es jedoch für diese Spezialität so viele Rezepte wie Kirchen in der Stadt: Wir haben sie gezählt, es sind dreißig.
In älteren Rezepten wird die Ente mit Schinken, Wurst und einem Schweinsohr gekocht, zerteilt und mit dem Entenkopf über Reis angerichtet. Die neuere Küche hegt jedoch für den aus dem Reis ragenden Entenschnabel wenig Sympathie und hat entdeckt, daß die gebratenen Enteteile – wie in unserem Rezept – das Gericht schmackhafter machen und sich hübscher arrangieren lassen als die etwas farblose gekochte Ente.

*600 g gekochte Garnelen
Salz
Pfeffer
3 EL Olivenöl
1 feingehackte Schalotte
200 ml trockener Portwein
300 g Sahne
3 Eigelb
2 EL feingewiegte Kräuter
(Kerbel, Petersilie, Estragon)
Zitronenscheiben*

# Gambas com vinho do Porto

Garnelen in Portwein

*Die Garnelen aus den Schalen brechen, dabei das letzte Glied der Schale und das Schwanzteil am Tier lassen. Die ausgelösten Garnelen am Rücken mit einem spitzen Messer leicht einschneiden und den Darm herausziehen. Unter kaltem Wasser abspülen, trockentupfen und mit Salz und Pfeffer würzen.
Das Olivenöl erhitzen, die Schalotte glasig dünsten, die Garnelen einlegen und bei guter Hitze 3–4 Minuten braten. Portwein angießen, die Garnelen zudecken, bei mäßiger Hitze 2–3 Minuten ziehen lassen, herausnehmen und warm stellen.
Den Portwein stark einkochen lassen, die Sahne mit dem Eigelb verquirlen, zum Portwein geben und die Sauce bei schwacher Hitze so lange schlagen, bis sie eindickt. Kräuter untermischen und die Sauce über die Garnelen gießen. Mit Zitronenscheiben garniert servieren.*

Im zornigen Klatschen des Atlantiks vor den steilen Felsenküsten Portugals fühlen sich die Felsengarnelen, *Palaemon serratus*, besonders wohl. Unter den eßbaren Krustentieren, den *Crustáceos*, nehmen die kleinen Meereskrebse einen bevorzugten Platz auf den portugiesischen Tafeln ein. Sie werden in Salzwasser gekocht und ungeschält mit einer scharfen *Piri-piri-Sauce* als Vorspeise serviert, oder sie kommen als *Gambas na grelha* in Knoblauchöl mariniert und gegrillt auf den Tisch. Man mischt sie mit marinierten Salatherzen in die *Salada de crustáceos*, püriert sie mit Tomaten und Wein zur *Creme de camarão*, die zu heißem Toast besonders gut schmeckt, oder rührt sie in die mit Koriander gewürzte, »trokkene« Brotsuppe *Açorda de mariscos*. Wie überall sorgen die Garnelen auch in Portugal für eine gewisse Sprachverwirrung. So werden kleinere und größere Exemplare als *Camarões*, Felsengarnelen aber in der Regel als *Gambas* angeboten. Die fingerlangen Felsengarnelen mit dem gebogenen, durchsichtigen Körper färben sich beim Kochen rosarot, während ihr Fleisch schön weiß bleibt.

Wenn keine Felsengarnelen zu erhalten sind, kauft man für unser Gericht am besten größere Garnelen ein. Sie werden unter verschiedenen Bezeichnungen, wie Prawns, Riesengarnelen oder Hummerkrabben angeboten.

## Bacalhau à Gomes de Sá

Klippfisch nach Gomes de Sá

*500 g Klippfisch*
*400 ml Milch*
*500 g gekochte Kartoffeln*
*100 ml Olivenöl*
*1 große Zwiebel*
*2 Knoblauchzehen*
*60 g Butter*
*Pfeffer (Mühle)*
*1 Bund Petersilie*
*12 schwarze Oliven*
*2 hartgekochte Eier*

*Klippfisch 24 Stunden in kaltes Wasser legen und zugedeckt in den Kühlschrank stellen. Das Wasser mehrmals wechseln. Am nächsten Tag den Klippfisch unter fließendem Wasser spülen, in eine Kasserolle legen, mit kochendem Wasser übergießen und 10–15 Minuten ziehen lassen. Dann aus dem heißen Wasser nehmen, Haut und Gräten entfernen, den Fisch in kleine Stücke teilen und in einer Schüssel mit heißer Milch übergießen.*
*Kartoffeln schälen und in dünne Scheiben schneiden. Olivenöl erhitzen, die in Ringe geschnittene Zwiebel und die feingehackten Knoblauchzehen glasig anbraten und die Kartoffelscheiben einlegen. Mehrmals wenden.*
*Eine feuerfeste Form mit flüssiger Butter ausstreichen, die Hälfte der Kartoffeln einlegen, darüber den aus der Milch genommenen Klippfisch schichten und mit der zweiten Hälfte Kartoffeln abdecken. Etwas frisch gemahlenen Pfeffer und gehackte Petersilie darüberstreuen und im gut vorgeheizten Backofen backen.*
*Das Gericht mit Oliven, in Scheiben geschnittenen Eiern und gehackter Petersilie garnieren und servieren.*

Portugals Speisen sind uneitel und schnörkellos. Nur wenige tragen einen Eigennamen, dazu gehört dieses Fischgericht, das nach einem bekannten Restaurantbesitzer aus Porto benannt wurde.
Der *Bacalhau*, Klipp- oder Stockfisch, beflügelte jahrhundertelang die Phantasie von Portugals Hausfrauen und Köchen zu immer neuen Kreationen, bis, so sagt man, tausend verschiedene Rezepte beisammen waren. Schon wenige Jahre nach der Entdeckung Amerikas durch Kolumbus brachen Portugals Fischer alljährlich von Viana do Castelo zu den Fischgründen von Neufundland auf, um in den kalten Gewässern Kabeljau zu fangen. António Bello schrieb 1506 in seiner *Culinária Portuguesa* (Portugiesische Kochkunst), daß der zehnte Teil aller in Portugals Norden verzehrten Fische der Bacalhau war. In Viana do Castelo, der *Cidade de navegadores* (Seefahrerstadt), beherrschte man die Herstellung dieser Spezialität schon früh bis zur Perfektion. Heute laufen die großen Flotten vorwiegend in Lissabon aus, doch ihre Fänge sind nicht mehr allein ausreichend, die immense Nachfrage der Portugiesen muß durch zusätzliche Importe aus Norwegen gestillt werden.
Für die Gewinnung von Bacalhau wird vor allem Kabeljau, Schellfisch oder Seelachs verwendet. Dabei muß man zwischen Klipp- und Stockfisch unterscheiden.
Der Klippfisch wird nach dem Abtrennen des Kopfes und dem Herauslösen der Wirbelsäule und der seitlichen Gräten gesalzen und erst nach dem Erlangen der sogenannten »Salzgare« getrocknet. Dabei wird sein Fleisch fest, bleibt aber trotzdem etwas wasserhaltig. Vor dem Kochen muß Klippfisch jedoch gewässert und entsalzt werden. Stockfisch wird ausgenommen, geköpft, an der Luft getrocknet, aber nicht gesalzen. Sein Fleisch wird durch das Trocknen hart und enthält kaum noch Wasser. Es muß daher ebenfalls vor dem Kochen gewässert und zum Quellen gebracht werden.

*1 kg Sardinen*
*3 EL Olivenöl*

*Für die Sauce:*
*3 EL Olivenöl*
*2 Zwiebeln*
*1 Knoblauchzehe*
*1 EL feingehackte Petersilie*
*1 Lorbeerblatt*
*1/8 l Weißwein*
*4 Tomaten*
*Salz*
*Pfeffer*
*50 g getoastetes Weißbrot, gerieben*
*1 EL Pinienkerne*

*Sardinen schuppen, ausnehmen, Mittelgräte, Rückengräte und Kopf entfernen. 3 EL Olivenöl in einer flachen Pfanne stark erhitzen, die Sardinen rasch auf beiden Seiten anbraten, herausnehmen und warm stellen.*
*Für die Sauce 2 EL Öl erhitzen, die feingeschnittenen Zwiebeln und die gehackte Knoblauchzehe glasig dünsten, Petersilie und das zerriebene Lorbeerblatt beigeben und mit Weißwein ablöschen. Den Wein bei guter Hitze einkochen, bis nur noch 1/3 der Flüssigkeitsmenge vorhanden ist. Die geschälten, entkernten und gewürfelten Tomaten hinzugeben, mit Salz und Pfeffer würzen und zu einer dicken Sauce einkochen.*
*Sardinen in eine flache Form einlegen, die Fische mit dem geriebenen Weißbrot bestreuen, mit dem restlichen Olivenöl beträufeln, mit der Tomatensauce umgießen, die Pinienkerne darüberstreuen und das Gericht im vorgeheizten Backofen 5 Minuten überbacken.*
*Zu den gebratenen Sardinen paßt frisches Weißbrot am besten.*

# Sardinhas fritas à moda de Viana do Castelo

Gebratene Sardinen nach Art von Viana do Castelo

Viana do Castelo mit seinen alten, steilen, romantischen Gassen blickt auf sanfte grüne Hügel und das Mündungsufer des schläfrig fließenden, aus Spanien kommenden Rio Lima. Als die römischen Eroberer einst das Flußufer erreichten, stockten plötzlich die Schritte der Soldaten. Beharrlich weigerten sie sich, den Lima zu durchmessen. In ihrer Phantasie hielten sie ihn für den mythischen Strom Lethe, aus dem in der Unterwelt die Seelen der Verstorbenen trinken, um ihr irdisches Dasein zu vergessen. Erst einige besonders mutige Anführer, die den Fluß unbeschadet in beiden Richtungen durchquerten, konnten die Bedenken der Zögernden zerstreuen. Mit den Legionären gelangten jedoch nicht nur die Vorstellungen der antiken Mythologie, sondern auch römische Küchenvorlieben an die *Costa Verde*. Vor allem die delikaten Saucen aus Öl, Wein und Gewürzen, mit denen man die köstlichen Fische zubereitete. Nur die heute für viele Fischsaucen fast unverzichtbaren Tomaten kamen erst eineinhalb Jahrtausende später nach Portugal.
Viana do Castelo liegt in der Zone der *Vinhos verdes*. Die jungen, fruchtigen Tropfen mit der feinen Säure, besonders natürlich die Weißweine, eignen sich gut zum Kochen von Fischsaucen. Beim Erhitzen geht allerdings ihre Spritzigkeit, die sie der Kohlensäure verdanken, weitgehend verloren. Zum Nachkochen unseres Rezepts kann man jeden guten, nicht zu trockenen Weißwein verwenden. Man achte nur darauf, nie eine Metallpfanne zu benutzen, sie würde das Gericht verderben. Zum Kochen mit Wein verwendet man emaillierte Gefäße, irdene Töpfe oder feuerfestes Geschirr.

*4 Kalbskoteletts
Salz
Pfeffer (Mühle)
1 Knoblauchzehe
200 ml Weißwein
40 g Butter*

*Für die Sauce:
1 Schalotte
40 g Butter
4 geschälte Tomaten
60 g Mandeln
1 EL Olivenöl
Salz, Pfeffer (Mühle)*

*frische Minze zum Garnieren*

*Die Koteletts klopfen, mit Salz und Pfeffer würzen, mit der halbierten Knoblauchzehe einreiben und 3-4 Stunden im Weißwein marinieren. Kühl stellen.
Koteletts aus der Marinade nehmen, gut abtupfen und in Butter braten, wenn nötig, etwas Marinade angießen.
Für die Sauce Schalotte kleinhacken und in Butter anschwitzen. Tomaten in Scheiben schneiden und mit der Schalotte weich schmoren. Die Sauce durch ein Sieb streichen. Mandeln überbrühen, abziehen, reiben, mit Öl vermischen und in die Sauce rühren. Die Sauce mit Salz und frisch gemahlenem Pfeffer abschmecken, in eine flache Kasserolle gießen, die Koteletts einlegen und zugedeckt 10 Minuten auf warmer Platte ziehen lassen. Mit Minzblättern garnieren und rasch servieren.*

# Costeletas de vitela à moda de Guimarães

Kalbskoteletts nach Art von Guimarães

Schmale Gassen, zusammengedrängte Häuser, Granitblöcke, gußeiserne Laternen, Malerisches und Verfall: In der romantischen Altstadt von Guimarães riecht es deftig nach den gegrillten Schweinefleischwürstchen *Chouriços*, nach der geräucherten Bauernwurst *Salpicão*, nach Knoblauchöl und grünen Bohnen. Man hält kaum für möglich, daß die *Costeletas de vitela* in der feinen Sauce hier erdacht wurden. Doch dieses Städtchen im hügeligen Hinterland der Costa Verde war schon immer für Überraschungen gut. Im düsteren *Castelo* wurde 1110 ein Baby geboren, das in der nahen Burgkapelle São Miguel do Castelo auf den Namen Afonso-Henriques getauft wurde. Ein wilder Knabe wuchs zum jugendlichen Rebell heran: Achtzehnjährig rief er die Unabhängigkeit *Portucales* vom Königreich León und Kastilien aus, besiegte auf dem Schlachtfeld die Armee seiner Mutter, die sich auf die Seite des spanischen Königs geschlagen hatte, und legte den Grundstein zum Staat Portugal.
Dem jungen Mann gelang alles: Er zog 1139 siegreich gegen die Mauren, gewann an der Spitze der *Reconquista* Lissabon zurück und erhob sich selbst zum König.
Portugiesen lieben Guimarães, es ist ihr *Berço da Nacionalidade*, die Wiege der Nation. Das macht sie nachsichtig gegen jene Köche, die das Rezept vermutlich aus der feinen, einst königlichen Küche von Queluz nach Guimarães gebracht und nach der historisch so bedeutsamen Stadt benannt haben.

*800 g Schweinelende*

*Für die Marinade:*
*300 ml Weißwein*
*3 Knoblauchzehen*
*2 Lorbeerblätter*
*Salz*
*Pfeffer*
*Koriander*

*80 g Butter*
*100 g Räucherspeck*
*1 kg kleine Frühkartoffeln*
*2 EL feingehackte Petersilie*
*1 Zitrone*

*Die Schweinelende in gleichmäßig große Würfel schneiden und in der Marinade aus Weißwein, geschälten Knoblauchzehen, Lorbeerblättern, Salz, Pfeffer und Koriander 24 Stunden marinieren.*
*Am nächsten Tag die Butter erhitzen, den Speck in schmale Streifen schneiden und goldbraun braten. Das Fleisch aus der Marinade nehmen, gut abtropfen lassen und nach und nach mit dem Speck anbraten. Die Kartoffeln schälen, zum Fleisch geben und mit der Marinade übergießen. Topf auf schwaches Feuer stellen, zudecken und das Gericht so lange schmoren, bis die Kartoffeln gar sind. Feingehackte Petersilie aufstreuen, mit Zitronenscheiben garnieren und mit frischem Weißbrot auf den Tisch bringen.*

# Rojões

Marinierte Schweinefleischwürfel

Rojões nennt man im Norden Portugals, vor allem im Minho und in der Region Trás-os-Montes, kleine Schweinefleischwürfel, die erst in Wein und Gewürzen mariniert, anschließend mit Speck gebraten und mit Kartoffeln, anderen Gemüsesorten oder Kastanien und vielen anderen Zutaten fertiggegart werden. Es gibt unendlich viele Rezepte, und jede Hausfrau hat dabei ihre eigenen kleinen Geheimnisse bei der Zubereitung.

In den Küchen der großen, *Solares* genannten Gutshäuser und in vielen ländlichen Küchen werden die *Rojões à moda do Minho* heute noch mit Schweinefleisch, Weißwein, Kaldaunen, Würsten, Schweineleber, gekochtem Schweineblut, Sprossen und Kastanien gekocht und mit Oliven und Zitronenscheiben garniert.

Dazu braucht man jedoch zwei Tage Zeit und einen großen Herd, auf dem die verschiedenen Zutaten in eigenen Pfannen nebeneinander gekocht und gebraten werden können, ehe man sie in einer großen Pfanne mischt und fertiggart.

Unser Rezept stammt aus der Kleinstadt Monção unweit der spanischen Grenze. Es ist einfacher, weniger zeitaufwendig, schmeckt aber ebenso delikat. Eine wichtige Rolle spielen dabei allerdings die Kartoffeln. Nur ganz kleine Frühkartoffeln, die im ganzen gegart werden können, sollten bei diesem Gericht verwendet werden.

*500 g weiße Bohnen*
*600 g vorgegarte Rinderkaldaunen*
*1 EL Zitronensaft*
*4 EL Olivenöl, 2 große Zwiebeln*
*1 Knoblauchzehe*
*2 Möhren, 3 Tomaten*
*150 g durchwachsener Speck*
*1 ausgelöste Hühnerbrust*
*2 Selleriezweige*
*2 Petersilienzweige, 2 Thymianzweige*
*1 Lorbeerblatt*
*250 g Salpicão oder geräucherte Schweinefleischwurst*
*2 Gewürznelken, 1/2 TL Kümmel*
*1 Messerspitze Cayennepfeffer*
*Salz, 1/8 l Weißwein*

*Die Bohnen über Nacht einweichen, gut abspülen und in frischem Wasser weich kochen.*
*Die vorgegarten, gesäuberten Kaldaunen 1–2 Stunden in reichlich kaltes, mit Zitronensaft gesäuertes Wasser legen. Dann unter fließendem Wasser abspülen, trockentupfen, in frischem Wasser weich kochen und in Streifen schneiden.*
*Öl erhitzen, die feingeschnittenen Zwiebeln und die kleingehackte Knoblauchzehe glasig dünsten, die in Scheibchen geschnittenen Möhren, die geschälten, entkernten und gewürfelten Tomaten, den in Streifen geschnittenen Speck, die Hühnerbrust, die Sellerie-, Petersilien- und Thymianzweige sowie das Lorbeerblatt einlegen und dünsten, bis die Hühnchenteile gar und die Möhren weich sind. Die Kräuterzweige entfernen.*
*Die in Streifen geschnittenen Kaldaunen, die Bohnen, die in Scheiben geschnittene Wurst und die Gewürze dazugeben, Wein angießen, mit etwas Wasser auffüllen und das Gericht weitere 10–15 Minuten garen. Sehr heiß mit Reis servieren.*

# Tripas à moda do Porto

Kaldaunen nach Art von Porto

Als den Portuensern ihr Spottname *Tripeiros*, Kaldaunenhändler, nicht mehr gefiel, reicherten sie ihr berühmtestes Gericht mit Hühnerbrust, Speck und *Salpicão*, der in Wein und Knoblauch marinierten und leicht geräucherten Schweinefleischwurst, an. Oft schwimmt auch noch eine Kalbshaxe in den großen Tontöpfen.

*Tripas*, die »Speise der Fürsten und Kutscher, der Bürger und der streunenden Katzen«, waren in Porto schon bekannt und beliebt, ehe sie in Italien und Frankreich Karriere machten. Die Vorliebe der Portuenser für Kaldaunen läßt sich bis in die Zeit Heinrichs des Seefahrers zurückverfolgen.

Seine »Karavellen Christi« mit den eindrucksvollen roten Kreuzen auf den Großsegeln trugen Portugals Ruhm nach Madeira und Porto Santo, zu den Azoren und an die afrikanische Westküste. Ehe die Eroberer jedoch Schätze nach Hause bringen konnten, mußten ihre Schiffe in Portugal ausgerüstet werden. Porto, die Geburtsstadt von Dom Henrique, war dabei nicht kleinlich. Die Bürger gaben so großzügig, daß beim Auslaufen der Karavellen kein Gramm der gepökelten Fleischvorräte zurückblieb.

Die zu Hause gebliebenen Portuenser mußten daher mit den Innereien des Schlachtviehs vorliebnehmen. Vielleicht standen sie zuerst ratlos vor den Kaldaunen, doch mit Geschick und Erfindergeist erdachten sie ihre *Tripas à moda do Porto*, die auch heute, fünfhundert Jahre später, noch mit großem Vergnügen gegessen werden.

*2 junge, bratfertige Hähnchen
Salz
Pfeffer
1/8 l Olivenöl
5 kleine Frühlingszwiebeln
150 g Räucherschinken
600 g kleine Kartoffeln
1/8 l Vinho verde oder ein junger, leicht moussierender Weißwein
8–10 schwarze Oliven*

# Frango com vinho verde

Hähnchen mit Vinho verde

*Hähnchen innen und außen mit Salz und Pfeffer einreiben, gut mit Öl bestreichen und in einem großen Schmortopf gleichmäßig goldbraun anbraten, herausnehmen und warm stellen.
Im Bratfond die geschälten Frühlingszwiebeln anbraten, herausnehmen und ebenfalls zur Seite legen. Gewürfelten Schinken einlegen und 5 Minuten schmoren. Die Hähnchen, die Zwiebeln und die geschälten Kartoffeln hinzufügen und im Backofen bei mittlerer Hitze garen. Jeweils bei Bedarf etwas Wein angießen. In der letzten Bratphase die entkernten Oliven einstreuen.
Die Hähnchen unzerteilt mit Kartoffeln, Zwiebeln und Oliven servieren.*

Zu einer Region, in der frisches Grün überwiegt, paßt der *Vinho verde* natürlich hervorragend. Der »grüne Wein« wächst auf den Böden zwischen den Flüssen Douro und Minho, er gedeiht im feuchten, gemäßigten Klima auf hochgezogenen Reben, in Laubengängen, wo die Trauben im Schatten, vor dem Pilzbefall geschützt, reifen. Da die Trauben jedoch im wahrsten Sinne des Sprichwortes »zu hoch hängen«, müssen sie im Herbst mühsam mit Hilfe von Leitern geerntet werden.
»Grün« ist am Vinho verde allerdings nicht die Farbe, sondern die prickelnde, fruchtig spritzige Frische. Er sollte daher stets jung getrunken werden. Es gibt weiße und rote Vinhos verdes, doch der weitaus überwiegende Anteil sind Weißweine, die besonders gut zu Meeresfrüchten, Fisch, Geflügel, zu hellem Fleisch, zu Saucen und zu Käse passen. Beim Kochen verliert die portugiesische Weinspezialität zwar ihre Spritzigkeit, doch verleiht sie den Speisen, wie hier den Hähnchen, das besondere Aroma.
Vinhos verdes sind auch im Ausland erhältlich. Wo dies nicht der Fall ist, kann man sie in der Küche auch durch einen anderen jungen, leicht moussierenden Weißwein ersetzen.

*600 g grüne Bohnen*
*2 Zwiebeln*
*3 EL Olivenöl*
*200 g geschälte Tomaten*
*Salz*
*Pfeffer*
*1 Bund frische Pfefferminze*
*1 EL Weißwein*
*Mehl*

*Bohnen waschen, die Fäden abziehen und gegebenenfalls in Streifen schneiden. Die in Ringe geschnittenen Zwiebeln in Olivenöl glasig dünsten, die in Scheiben geschnittenen Tomaten und die Bohnen zugeben. Mit heißem Wasser auffüllen, so daß das Gemüse gut bedeckt ist, mit Salz und Pfeffer würzen, 2–3 Pfefferminzzweige einlegen und ungefähr 1/2 Stunde kochen lassen. Dabei darf der Topf nicht zugedeckt werden, da die Bohnen sonst ihre schöne grüne Farbe verlieren.*
*Mit Wein abschmecken, mit etwas Mehl binden, gehackte Pfefferminze aufstreuen und das Gericht zu Steaks oder gebratenem Lammfleisch servieren.*

# Feijão verde à minhota

Grüne Bohnen nach Art des Minho

Neben dem heißgeliebten Grünkohl *Couve galega* für den *Caldo verde* (Seite 10) gehören die Gartenbohnen zu den begehrtesten Gemüsesorten im Minho. Hier hielt man noch nie viel von der Ansicht des Pythagoras, der seinen Schülern in Kroton den Genuß von Bohnen verboten hatte, weil das angeblich die Entwicklung der geistigen Fähigkeiten beeinträchtige.

Aus den derben Sau- oder Puffbohnen der Antike sind durch Importe aus Südamerika seit dem 16. Jahrhundert viele neue Züchtungen entstanden. Heute unterscheiden wir in der Regel zwischen Busch- oder Zwergbohnen und Stangen- oder Kletterbohnen. Von beiden Arten gibt es Schnittbohnen mit flachen Schoten und aromatischem, weniger feinem Fleisch und Brechbohnen mit runden, zarten Hülsen und feinen Kernen – die Fäden sind meist weggezüchtet.

Am leckersten sind die besonders zarten Prinzeßbohnen mit langen, dünnen Schoten. Nur wenn sie ganz besonders schmal und schlank sind, können sie die Güteklasse »extra« erreichen. Bei einer Hülsenbreite bis zu 6 Millimetern gelten sie noch als »sehr fein«, werden sie jedoch breiter, so sinkt ihr Einstufungsgrad immer mehr.

Es tut jedoch dem Gelingen dieses Gerichtes keinen Abbruch, wenn für dieses Rezept breitere Bohnen verwendet und in Streifen geschnitten werden. Wer dies bevorzugt, kann auch die sehr jung geernteten, aus Frankreich, Italien oder Afrika importierten *Haricots verts* verwenden, die dann nur mit abgebrochenen Enden und nach dem Abziehen eventuell vorhandener Fäden im ganzen gekocht werden.

# Leite-creme à moda do Porto

Milchcreme nach Art von Porto

20 g Butter, 130 g Zucker
1–2 EL Wasser
1 EL süßer Portwein

1/2 l Milch
1 Vanilleschote
120 g Zucker
4–5 Eigelb, 4 cl süßer weißer Portwein

Für die Karamelsauce:
100 g Zucker
5 cl Orangensaft
2 cl Zitronensaft
5 cl süßer Portwein
20 g Butter
abgeriebene, unbehandelte Orangenschale

Die Butter in einer Pfanne mit schwerem Boden erhitzen, Zucker einstreuen und zu hellem Karamel schmelzen. Wenig Wasser angießen, die Masse zum Kochen bringen und so lange köcheln lassen, bis ein karamelfarbener, dicker Sirup entsteht. Mit Portwein ablöschen und die Karamelmasse rasch in eine ausgebutterte Ringform gießen.
Die Milch, die geschlitzte Vanilleschote und den Zucker kurz aufkochen, dann einige Minuten ziehen lassen und die Vanilleschote entfernen.
Eigelbe in einem Topf gut verquirlen, die Milch nach und nach einrühren, den Portwein hinzufügen und die Eiermilch über das Karamel in die Ringform gießen.
Die Ringform in eine große Pfanne mit Wasser stellen, wobei die Form mindestens bis zur Hälfte im Wasser stehen sollte, und im vorgeheizten Backofen bei 180° C etwa 45 Minuten erhitzen. Die Creme ist fertig, wenn die Oberfläche hellbraun ist und ein eingestochenes Messer völlig trocken bleibt.
Creme aus dem Ofen nehmen, erkalten lassen und auf einen Tortenteller stürzen.
Für die Sauce Zucker zu hellbraunem Karamel schmelzen, Orangen-, Zitronensaft und Portwein hinzufügen, die Karamelmasse glattrühren und zur Konsistenz einer dicken Sauce einkochen lassen. Die Butter und die abgeriebene Orangenschale einrühren und die Sauce über die Creme gießen.

Hinter dem unscheinbaren Namen »Milchcreme« verbirgt sich hier ein feiner Karamel-Portwein-Flan mit einer raffiniert aromatisierten Sauce. Bei diesem Rezept aus Porto wurde der Versuch unternommen, der einfachen, ländlichen *Leite-creme*, deren Zuckerauflage mit einem glühenden Eisen karamelisiert wird, einen ganz besonderen Pfiff zu geben. Und was lag in Porto näher, als sich dazu des Portweines zu bedienen? Unter den vielen Sorten ist für dieses Rezept *White Port* aus weißen Trauben verschiedener Jahrgänge am besten geeignet. Der matt-hellweiße, *branco*, und süße, *doce* Portwein besitzt ein weiches, fruchtiges Aroma. Er verändert die Farbe der Karamelcreme nicht, unterstreicht nur ihren Geschmack, ohne seinen eigenen aufzudrängen.

*1/4 l Wasser
50 g Butter
30 g Zucker
1 Prise Salz
180 g Mehl
50 g Stärkemehl
1 EL abgeriebene unbehandelte Orangen- oder Zitronenschale
4 Eier
Öl zum Ausbacken*

*Für die Sauce:
500 g Zucker, 200 ml Wasser
abgeriebene Schale 1/2 unbehandelten Orange
1/2 Zimtstange*

*Wasser mit Butter, Zucker und Salz zum Kochen bringen, das Mehl, das Stärkemehl und die Orangen- oder Zitronenschale zugeben und sofort mit einem Schneebesen glattrühren, bis sich die Masse vom Topfrand löst. Vom Herd nehmen, etwas abkühlen lassen, dann nach und nach die Eier in den Teig einarbeiten.
Das Backöl erhitzen. Den Teig mit Teelöffeln zu Kugeln formen und im heißen Öl goldbraun backen. Die fertigen* Sonhos *aus dem Öl nehmen und auf Küchenpapier abtropfen lassen.
Für die Sauce Zucker im kochenden Wasser auflösen und mit abgeriebener Orangenschale und Zimtstange 10–15 Minuten kochen. Orangenschale und Zimt entfernen und die Sauce über die Brandteigküchlein gießen.*

# Sonhos

»Träume« (Küchlein aus Brandteig)

Die Küche Portugals wäre undenkbar ohne die *Doces de ovos*, all die Süßigkeiten aus sehr vielen Eiern und sehr viel Zucker, ohne *Toucinho de céu*, »Himmelsspeck«, oder *Papos de anjo*, »Engelsbäckchen«. Portugiesen sind Schleckermäuler, und wenn in den Restaurants am Ende einer Mahlzeit der Servierwagen mit den üppigen Desserts an den Tisch gefahren wird, fällt ihnen die Wahl zwischen den duftenden, mit Zuckersirup und Zimt übergossenen Köstlichkeiten überaus schwer.

Vom 16. bis zum 18. Jahrhundert wurde Portugals Geschichte »mit Zucker geschrieben«, damals herrschte das Land über die Zuckerrohrländereien in Brasilien. Dort sagten die Menschen damals bitter: »Die den Zucker aus dem süßen Rohr sieden, schmausen ihn nicht.« Daran ist viel Wahres.

Um in der fernen Kolonie Zuckerrohr in großem Stil anbauen zu können, benötigten die Portugiesen Arbeitskräfte. Wer als erster die heimtückische Idee hatte, für die harte Arbeit in den Plantagen Menschen an der Westküste Äquatorialafrikas einzufangen, ist nicht mehr genau festzustellen.

Aber ein Heer von schwarzen Sklaven, gebrandmarkt mit den Zeichen der Handelsgesellschaften, wurde um des Zuckers willen entführt, auf den südamerikanischen Markt geworfen, verkauft, zwangsmissioniert. Brasilien, die ehemalige portugiesische Kolonie, war das letzte Land der Welt, das die Sklaverei wieder abschaffte. Das macht sogar heute noch die Süße des Zuckers ein wenig bitter.

# Beira Alta, Trás-os-Montes und Alto Douro

*Trás-os-Montes,* »hinter den Bergen«, nennen die Portugiesen ihre im Nordosten an Spanien grenzende, vom Douro eingerahmte Region mit den Distrikten Vila Real und Bragança. Trefflicher könnte man die herbschöne Landschaft, deren Berge wie versteinerte Meereswogen aussehen, nicht beschreiben: wenige altertümliche Städtchen, deren Geschichte in lusitanische und römische Zeit zurückreicht, da und dort winzige Orte, verfallene Burgen, Schafe und Ziegen auf den Bergweiden, erdverbundene, schwerblütige Menschen, die uraltes Brauchtum traditionsbewußt bewahren.

Hier herrschen fast überall gedeckte und düstere Farben vor. Man trägt typische dunkle Trachten mit Umhängen aus schwerer Wolle, die Tongefäße sind dunkelgrau oder glänzend schwarz, sogar der wenige Wein, den man in Trás-os-Montes keltert, hat einen makabren Namen, man nennt ihn *Vinho dos mortos,* Wein der Toten, weil die Flaschen einige Zeit in der Erde vergraben werden, ehe man sie öffnet.

Trotz aller Kargheit ist das Land schön. Liebenswert, wenn der Ginster blüht, die Lavendelbüsche lila aufflammen, wenn die Kastanienbäume ihre Blütenkerzen anstecken, die Pfirsichbäume ihr erstes zartes Rosa zeigen und die Reben auf den künstlich terrassierten Hängen im *País do Vinho,* dem Weinland des Oberen Douro-Tales, schwer von Trauben hängen.

Hier reifen in einem der ältesten Anbaugebiete mit amtlicher Herkunftsbezeichnung jene Reben, die zum berühmten Portwein veredelt werden. Neben den Trauben, die »Lava essen und Sonne trinken«, wachsen Zitronen, Orangen, Mandeln und Gemüsesorten, die dem Tal ein südländisches Ambiente geben. Aus den Produkten des Landes und dem Geschick der Menschen, die hier im Gebirge den berühmten *Presunto-Schinken* über der Glut von Eichenholz räuchern und die beliebten Wurstsorten *Alheira, Linguiça* und *Chouriço de sangue* herstellen, bildete sich eine Küche heraus, die einige besonders interessante Rezepte hervorbrachte.

So bereitet man die fangfrischen Forellen, *Trutas do Rio Cávado,* mit Schinkenscheiben zu, kocht *Perdizes com cogumelos,* Rebhühner mit Pilzen, mariniert ein Kaninchen als *Coelho à transmontana* in Weinsauce, läßt *Cabrito assado,* das Zicklein, in Wein schmoren und garniert das Spanferkel, *Leitão,* mit vielen Oliven.

Auch überregional geschätzt werden die *Bolos* und *Doces,* die kleinen Kuchen und Süßigkeiten, bei denen Zimt eine große Rolle spielt. Man liebt *Maçãs assadas,* Bratäpfel in Portwein, die volkstümlichen, *Filhós* genannten Waffeln oder die *Tigelada,* eine in kleinen Keramikformen gebackene Creme.

*Beira Alta,* die Hohe Beira südlich des Douro mit den Distrikten Viseu und Guarda, ist das waldreiche Land um die Serra da Estrêla, das Sternengebirge, das die höchsten Gipfel Portugals besitzt und sich bis zu den Flüssen Douro und Mondego hinzieht.

Die Region mit ihren schroffen Bergen und mit den seltsamen Felsgipfeln südlich von Guarda, wo der Sage nach Werwölfe und Hexen hausen, zählt zu den ärmeren Gegenden des Landes. Nur bei Viseu, im Anbaugebiet des herben, erdhaften *Dão-Weines* wächst reichlich Getreide und Obst.

In Beira Alta pflegt man eine traditionelle Küche. Viele Gerichte kann man Jahrhunderte zurückverfolgen. Der *Caldo de castanhas,* eine sämige Kastaniensuppe, läßt sich seit römischen Tagen nachweisen, der *Rancho à moda de Viseu*, ein Eintopf mit Huhn, Fleisch, Kartoffeln, Kohl und Nudeln, soll schon Pedro Álvares Cabral Kraft für die Entdeckung Brasiliens gegeben haben, und der Maler Vasco Fernandes liebte angeblich schon vor fünfhundert Jahren *Torresmos da Beira*, das weingebeizte Fleisch, das damals noch anstelle von Kartoffeln mit Maiskuchen zubereitet wurde.

Es ist eine deftige Küche, zuweilen für kalte Wintertage gedacht, die jedoch durch interessante Rezepte für Wild und Flußfische, für Zicklein- und Lammgerichte eine eigene Bereicherung erfährt. Köstlich schmecken *Bifes de presunto*, in Portwein geschmorte Schinkenscheiben, *Costeletas à moda da Beira*, Koteletts in einer Wein-Knoblauch-Marinade, *Cabrito grelhado*, gegrilltes Zicklein, oder *Coelho assado com molho de vilão*, Kaninchen mit einer bäuerlichen Koriandersauce, und *Carneiro à beirão*, Hammel mit Rotwein und Tomatensauce.

Immer wieder kommen auch mit geriebenem Brot überbackene Breie aus Wild- oder Gartengemüsen auf den Tisch, wie zum Beispiel *Esparregado de acelgas* mit Mangold oder *Esparregado de feijões verdes* mit grünen Bohnen.

Beim Erfindungsreichtum für Eiersüßigkeiten, *Doces de ovos*, und *Queijadas*, Käsekuchen, ist Viseu kaum zu schlagen. Hier wurden die Rezepte für *Rosetas, Viriatos, Ouriços* und *Ninhos*, die Delikatessen aus süßer Kastanienmasse, erdacht.

Auf den würzigen Bergweiden der Serra da Estrêla weiden jene Schafe, deren Milch zum *Queijo da Serra*, Portugals bestem Käse, verarbeitet wird. Er paßt zu den ehrlichen *Dão-Weinen*, die im Gebiet zwischen den Flüssen Alva, Mondego und Dão wachsen.

## Sopa de pão

Brotsuppe mit Gemüse

*8 kleinere, runde Brotscheiben*
*2 l gekochte Fleischbrühe*
*3 Karotten*
*2 kleinere Lauchstangen*
*80 g Sellerieknolle*
*1/2 Grünkohl*
*frische Pfefferminzblätter*

*Brotscheiben auf ein Backblech legen, mit dem Fett der gekochten Fleischbrühe durchfeuchten und 1 Stunde ruhen lassen. Die restliche Fleischbrühe je zur Hälfte in zwei Töpfe gießen. Die in Scheibchen geschnittenen Karotten, die in dünne Ringe geteilten Lauchstangen und die kleingewürfelte Sellerieknolle in einem Topf, den in Stücke geschnittenen Grünkohl im zweiten Topf weich kochen. Den Grünkohl anschließend in Würfel schneiden.*
*Das Gemüse in einer Suppenterrine anrichten. Die durchfeuchteten Brotscheiben im Backofen rösten und darüberlegen. Die Pfefferminzblätter einstreuen, die Fleischbrühe aus beiden Töpfen nochmals zum Kochen bringen und über die Brotscheiben gießen. Suppe sehr heiß servieren.*

Diese Brotsuppe aus dem Alto Douro bekommt den frischen Geschmack von der Pfefferminze. Lange Zeit, ehe dieses Gewürzkraut, portugiesisch *Hortelã*, von den modernen Kochkünstlern entdeckt wurde, führte es in der internationalen Küche eher ein Schattendasein. Britische *Mint sauce* aus grüner Minze war nicht gerade ein kulinarisches Ereignis, und die ländlichen Gerichte Portugals mit dem stark aromatischen Duft waren nur von regionaler Bedeutung. Auch heute fehlt die ebenso dekorative wie aromatische Pfefferminze noch in vielen unserer Haushalte.
Die bekanntesten Minzenarten sind die aromatische Pfefferminze *(Mentha piperita)*, eine Kreuzung aus Wasserminze und Grüner Minze, die Krauseminze *(Mentha crispa)* und die Grüne Minze *(Mentha spicata)*. Darüber hinaus gibt es eine Reihe von wildwachsenden und kultivierten Minzenarten, die alle mentholhaltig sind, intensiv duften und frisch schmecken.
In den portugiesischen Hausgärten im Minho und in den gebirgigen Regionen findet man die vermehrungsfreudige Minze überall dort, wo sie einen feuchten Boden, Halbschatten und genügend Platz für ihre langen, flachen Wurzeln vorfindet. Am besten, sagt man im Alto Douro, schmeckt sie kurz vor der Blüte zu Sommerbeginn. Dann verwendet man sie reichlich in Suppen, Salaten, für Saucen und zu Fleischgerichten – besonders, wenn diese viel Knoblauch enthalten.
Gerüchte besagen, daß die Engländer, die im 17. Jahrhundert durch die Beimischung von Brandy den Portwein gleichsam erfunden haben, in Portugal das Rezept für die Mint sauce abgeschaut hätten. Das ist mit Sicherheit falsch. Der Briten grüne Lieblingssauce, für die sie gehackte Minzblätter mit siedendem Wasser übergießen und mit Weinessig und Zucker zu cremiger Konsistenz aufschlagen, findet man in Portugal nicht. Das ist auch kein Wunder: Hier würzt man gerne herzhaft.

*500 g Eßkastanien*
*800 ml vorgekochte Gemüsebrühe*
*1 Lorbeerblatt*
*2 Weißbrotscheiben*
*Salz*
*Pfeffer*
*30 g Butter*
*1 Gläschen Weißwein*

*Die Kastanien kreuzweise einritzen und im vorgeheizten Backofen 20 Minuten lang rösten, anschließend abkühlen lassen und schälen.*
*Die geschälten Kastanien in einen großen Topf legen, mit Gemüsebrühe übergießen, das Lorbeerblatt einlegen und bei mäßiger Hitze etwa 40 Minuten lang kochen lassen. Einige Kastanien entnehmen und zur Seite legen.*
*Die Suppe pürieren, wieder auf den Herd stellen, das entrindete, gewürfelte Weißbrot mit einem Schneebesen unter die Suppe ziehen und kurz aufkochen lassen. Suppe mit Salz und Pfeffer, frischer Butter und Wein abschmecken und in 4 Tonschalen gießen. Die zur Seite gelegten Kastanien kleinwürfeln und über die Suppe streuen.*

# Caldo de castanhas

Kastaniensuppe

*I*n der kargen Landschaft der Montanhas, wo nach einem Wortspiel neun Monate *Inverno*, Winter, und drei Monate Inferno herrschen, fühlen sich die Kastanienbäume, stolze und nützliche Verwandte der Eichen und Buchen, erstaunlich wohl. Armut veranlaßte die Schaf- und Ziegenhirten der Region, jahrhundertelang im Herbst die Kastanien in großen Weidenkörben zu sammeln und die Früchte dann in heißer Asche zu garen. Allzuoft war es ihr einziges kräftiges Essen für lange Zeit. Unbewußt nahmen sie jedoch mit den Maronen der Edelkastanie Stärke, Fette und Vitamine zu sich, die durch das langsame Braten hinter der dicken Schale unzerstört blieben.
Die Kastaniensuppe ist eine Weiterentwicklung des kargen Hirtenmahles. Unser Rezept entspricht der städtischen Küche, während der *Caldo de castanhas piladas* in ländlichen Regionen mit weißen Bohnen und Reis besonders nahrhaft gemacht und eingedickt wird. Wer diese etwas zeitaufwendige Version kochen möchte, muß zuerst die weißen Bohnen einige Stunden einweichen und anschließend weich kochen. Die Kastanien werden eingeschnitten, geröstet, geschält und zu den Bohnen gegeben. Man fügt Reis hinzu, eine Handvoll frische Kräuter, goldbraun gebratene Zwiebelringe und läßt alles zusammen in Wasser gar kochen. Den feinsten Geschmack erhält diese Form des *Caldo* jedoch, wenn man anstelle von Wasser eine leichte Hühnerbrühe verwendet.
Auch wo keine Maronen wachsen, kann man diese Suppe heute jederzeit zubereiten. Die im Handel erhältlichen, vakuumverpackten Eßkastanien sind zwar vorgegart und fest in ihrer Konsistenz, schmecken aber beinahe so gut wie frische Maronen.

# Bifes de presunto

Schinkenscheiben mit Portwein

*4 Scheiben Presunto-, Parma- oder westfälischer Knochenschinken (je 100–150 g)
30 g Butter
3 EL trockener Portwein
grüne und schwarze Oliven*

*Schinkenscheiben 2 Stunden in kaltes Wasser legen. Butter erhitzen, die gut abgetropften, leicht geklopften Schinkenscheiben darin kurz von beiden Seiten braten. Sie sollten außen braun werden, innen aber hell und saftig bleiben. Portwein angießen und die Scheiben darin kurz ziehen lassen. Den Schinken aus der Pfanne nehmen, auf vorgewärmten Tellern anrichten, mit entkernten Oliven garnieren und zu frischem Brot servieren.*

Portugals *Presunto-Schinken* stammt von zarten, gut gemästeten, manchmal auch verwöhnten Schweinen, denen es nie an Eicheln und Kastanien mangelt. Leider ist das üppige Leben der Tiere nicht von langer Dauer, sie landen früher oder später beim Schlachter.

In Chaves am Rio Tâmega und in Valpaços werden die besten Schinken Portugals erzeugt, denen nur die Produkte aus den Bergen der Algarve nahekommen. Presunto wird etwa einen Monat lang in einer dicken Kruste aus Salz, Knoblauch, Paprika und Rotwein getrocknet, wobei das Salz von außen nach innen einzieht und das Fleisch würzt und zart werden läßt. Anschließend räuchert man den Rohschinken eine Woche lang über Eichen- oder Pinienholzglut.

»Schinken paßt zu jeder Jahreszeit, in jeder Speise sollte man seinen Duft spüren«, sagt man in Trás-os-Montes. Tatsächlich gibt es – mit Ausnahme der *Doces* – kaum ein Essen, das der Presunto mit seinem Räuchergeschmack nicht bereichern würde.

Als Einzelgericht serviert man ihn mit Oliven, frischen Feigen, Melonen, gebratenen Apfelringen oder Maronen. Will man *Bifes de presunto* als Vorspeise anbieten, verwendet man dünnere Schinkenscheiben, die einzeln nicht mehr als hundert Gramm wiegen. Sollen sie jedoch als Hauptgericht auf den Tisch kommen, schneidet man den Presunto dicker auf und serviert gekochte kleine Kartoffeln dazu, die kurz im Bratfond des Schinkens geschwenkt und erhitzt werden.

Wo die portugiesische Spezialität nicht zu haben ist, kann man sie auch durch *Prosciutto di Parma* oder durch westfälischen Knochenschinken ersetzen.

*8 Eier*
*2 Bund frische Pfefferminze*
*150 g Queijo fresco oder Frischkäse aus Schafmilch*
*Salz*
*Pfeffer*
*2 Weißbrotscheiben*
*40 g Butter*
*2 EL Olivenöl*

*Eier sorgfältig verquirlen und mit der kleingehackten Pfefferminze, dem zerkrümelten Frischkäse, Salz und Pfeffer mischen. Die Weißbrotscheiben kleinwürfeln, in etwas Butter rösten und abgekühlt in die Eiermasse rühren.*
*Restliche Butter mit dem Olivenöl in einer großen Bratpfanne erhitzen, die Omelettmasse einfließen lassen und unter einmaligem Wenden auf beiden Seiten backen.*

# Ovos mexidos à moda da Beira Alta

Omelett nach Art der Hohen Beira

Ein bekanntes Sprichwort lautet: »Portugal ist nur ein Bissen, aber ein Bissen aus Eiern und Zucker.« Es ist daher fast eine Besonderheit, wenn Eier einmal nicht zu Süßspeisen verarbeitet, sondern als würziges Vor- oder Hauptgericht zubereitet werden.
Ähnlich ist es mit dem Käse: Die Portugiesen lieben ihn zum Dessert oder zum Wein, man kann Schafkäse wie *Beja, Castelo Branco, Évora, Merendeiras, Serra, Requeijão, Serpa* und *Tomar* oder den aus Ziegenmilch hergestellten *Cabreiro*, den Schaf-Ziegen-Käse *Rabaçal* und den Kuhmilchkäse *Queijo da ilha* auf allen Märkten kaufen. In der portugiesischen Küche spielen alle diese Sorten jedoch keine allzu große Rolle. Sie ergänzen zwar manche Fleischfüllungen, treten aber geschmacklich kaum in Erscheinung.
Etwas häufiger finden *Queijos frescos* aus Schaf- oder Ziegenmilch, die meist nur für den Hausgebrauch hergestellt werden, Verwendung. Die bäuerlichen Frischkäse werden meist im Winter produziert und gegessen.
*Ovos mexidos* mit Frischkäse und Pfefferminze sind schnell zubereitet und können als Hauptgericht mit knackigen Salaten ergänzt werden. Sie eignen sich jedoch, in Achtel geschnitten, auch als kleine Vorspeise zum Aperitif, wobei man stilecht einen gut gekühlten, trockenen Portwein anbieten könnte.

*4 Forellen
Salz
1/2 l Weißwein
4 Knoblauchzehen
2 Lorbeerblätter
Pfeffer
1 EL Thymianblätter
2 EL Mehl
8 dünne Scheiben Presunto- oder roher Schinken
100 g Speck
4 Petersilienzweige
60 g Butter
Zitronenscheiben zum Garnieren*

*Forellen ausnehmen, waschen, abtupfen, innen und außen salzen, in eine flache Form legen und mit Wein übergießen. Die geschälten, zerdrückten Knoblauchzehen und die Lorbeerblätter einlegen und die Fische 4 Stunden in Wein marinieren. Anschließend die Forellen aus der Marinade heben, gut abtropfen lassen, mit Pfeffer würzen, Thymianblätter in die Bauchhöhle schieben, die Fische in wenig Mehl wenden und mit den Schinkenscheiben umwickeln.
Speck kleinwürfeln und in einer großen, flachen Pfanne glasig braten. Die Forellen einlegen, unter mehrmaligem Wenden im Speckfett auf beiden Seiten knusprig braten, aus der Pfanne heben und auf vorgewärmte Teller legen.
Das Bratfett abgießen, etwas Butter in der Pfanne aufschäumen lassen. Forellen mit Petersilienzweigen garnieren, mit der heißen Butter übergießen und mit Zitronenscheiben belegen.*

# Trutas do Rio Cávado

Forellen vom Rio Cávado

Der Rio Cávado entspringt nahe der spanischen Grenze im Granitgebirgszug Serra do Gerês. In dieser Region, einem der ältesten Siedlungsgebiete Portugals, ist die Landschaft weithin einsam, zuweilen romantisch, selbst die Stauseen, die erst seit wenigen Jahren die abgelegene Region mit Strom versorgen, wirken in der herrlichen Wald- und Gebirgslandschaft des Parque Nacional da Peneda-Gerês malerisch.

Im jungen Rio Cávado, der durch den Minho und bei Esposende ins Meer fließt, ist wie in vielen Wasserläufen der Bergregion noch eine Spur der schubertschen Romantik zu finden. In den klaren, durchsichtigen, rauschenden Flüßlein angeln Fischer nach der Bachforelle mit dem festen, hellen, saftigen und ausgesprochen schmackhaften Fleisch.

Da man ganz in der Nähe, in Chaves und Valpaços, die delikaten *Presunto-Schinken* erzeugt, war es nur eine Frage der Zeit und der Phantasie, bis Forellen und Schinken zusammenkamen.

Für unser Rezept gibt es zwei Möglichkeiten: Entweder man hüllt die Forellen in Schinken, oder man füllt sie damit. Beide Variationen sind üblich. Doch ehrlich gestanden: Nur wenn man die Forellen in einen Schinkenmantel hüllt, ein ums andere Mal sorgfältig im Speckfett wendet, bis der Schinken eine intensiv goldbraune Färbung angenommen hat und die Fische gar sind, kommt der Geschmack von Schinken und Fisch richtig zur Geltung.

## Carne de porco de coentrada

Schweinekoteletts mit Koriander

*4 Schweinekoteletts*
*1 Bund frischer Koriander oder eine Handvoll Korianderkörner*
*2 EL süßer Paprika*
*2 Knoblauchzehen*
*schwarzer Pfeffer (Mühle)*
*300 ml Weißwein*
*3 EL Olivenöl*
*100 g Speck*
*Salz*

*Schweinekoteletts mit frischem Koriander einreiben und in eine flache Schüssel legen. Aus Paprika, gepreßten Knoblauchzehen, Pfeffer und Weißwein eine Marinade bereiten, über die Koteletts gießen und 24 Stunden in den Kühlschrank stellen. Koteletts mehrmals in der Marinade wenden.*
*Öl und kleingehackten Speck erhitzen, die gut abgetropften und abgetupften Koteletts einlegen und auf beiden Seiten schön braun braten.*
*Die Marinade in einer kleinen Pfanne erhitzen und auf 1/3 einkochen lassen. Die reduzierte Marinade über die Koteletts gießen, die Pfanne zudecken und die Koteletts bei geringer Hitze noch 10 Minuten köcheln lassen. Das fertige Gericht mit Salz abschmecken und zu Reis servieren.*

Koriander, portugiesisch *Coentro*, die sogenannte »chinesische Petersilie«, eignet sich vorzüglich zum Würzen von Wurst, Fleisch und Eintöpfen. In Portugal verwendet man vorwiegend frischen Koriander, der in großen Bündeln das ganze Jahr über auf allen Märkten angeboten wird. Bei uns ist das natürlich nicht der Fall, doch kann man bei diesem Gericht ebensogut zu den überall erhältlichen Korianderkörnern, den getrockneten Spaltfrüchten der Pflanze, greifen.

Die Heimat der einjährigen Korianderpflanze, *Coriandrum sativum*, ist wahrscheinlich Asien und das südliche Mittelmeergebiet. Schon in ägyptischen Papyri und im *Alten Testament* wurden die Pflanze und ihre Spaltfrüchte, weiße bis gelblichbraune Körner von drei bis fünf Millimeter Durchmesser, erwähnt. Koriander wuchs in den babylonischen Gärten, und in ägyptischen Königsgräbern fand man Koriandersamen. Griechen und Römer schätzten die Pflanze nicht nur als Gewürz und Arznei, sondern auch als Zusatz, der den Wein noch berauschender machen sollte. Roms kulinarischer Schriftsteller Apicius empfahl ein Rezept aus Wein und Muscheln, Pfeffer und frisch gehacktem Koriander.

Als die Portugiesen unter Afonso de Albuquerque 1510 Goa besetzten, lernten sie die indischen Gewürzmischungen, bei denen auch Koriander eine große Rolle spielt, kennen und schätzen. Auf den krausen Wegen der Entdecker gelangte die dreißig bis sechzig Zentimeter hohe Korianderpflanze mit den gefiederten Laubblättern, langstieligen Dolden und weißen bis rötlichen Kronblättern nach Südamerika und von dort wieder zurück nach Portugal, wo man sie mit offenen Händen und interessiertem Gaumen aufnahm.

## Javali à moda de Murça

Wildschweinkoteletts mit Pilzen

*8 Wildschweinkoteletts im Stück*

*Für die Marinade:*
*3 Schalotten*
*2 Knoblauchzehen*
*4 Petersilienzweige*
*1 Lorbeerblatt*
*Salz, 1/2 TL Pfefferkörner*
*1 Messerspitze Cayennepfeffer*
*300 ml trockener Weißwein*
*4 EL Essig, 4 EL Olivenöl*

*3 EL Olivenöl*
*200 g Räucherschinken in Scheiben*
*60 g Butter, 500 g Pilze*
*einige Korianderkörner, 1 EL Orangensaft*

*Koteletts in eine tiefe Schüssel legen, mit der Marinade aus feinen Schalotten- und Knoblauchscheibchen, Petersilie, Lorbeerblatt, Salz, Pfefferkörnern, Cayennepfeffer, Weißwein, Essig und Olivenöl übergießen und 2 Tage in der würzenden Flüssigkeit belassen.*
*Koteletts aus der Marinade nehmen, abtropfen lassen, sorgfältig trockentupfen und durchschneiden. Die Marinade durch ein Sieb gießen und beiseite stellen.*
*Olivenöl stark erhitzen, Schinkenscheiben einlegen und goldbraun werden lassen, die Koteletts einlegen und rasch von beiden Seiten gut anbraten.*
*Die Butter erhitzen, die halbierten oder in dicke Scheiben geschnittenen Pilze darin schwenken und kurz dünsten.*
*Nun schichtet man den Schinken, die angebratenen Koteletts und die Pilze abwechselnd in einen Tontopf, gießt etwas Marinade an, fügt einige Korianderkörner und den Orangensaft dazu und schmort alles im vorgeheizten Backofen bei mittlerer Hitze.*

Hinter den Bergen« liegt das Städtchen Murça, das ein prähistorisches Wildschwein aus Granit auf einen Denkmalsockel hob. Die Jahrhunderte, Wind und Regen haben das Borstentier längst glattgeschliffen, ein wenig dümmlich blickt es auf das turbulente Treiben ringsum.

Der Eber von Murça, ungelenk gehauen und bisher nicht datierbaren Alters, findet sein Gegenstück nicht nur in Bragança, sondern auch in manch anderen Dörfern im Nordosten Portugals. Uralte Geschichten bringen Licht in dieses prähistorische Dunkel: Heidnische Dörfler stellten die seltsamen Steindenkmäler als Abwehrzauber gegen die immer wieder einbrechenden Horden der ungezähmten Borstentiere auf. Tatsache ist wohl, daß es in Trás-os-Montes schon in grauer Vorzeit riesige Mengen von Wildschweinen gab und es den Bewohnern der Gegend nie gelang, so viele von ihnen zu erlegen und an Bratspieße zu stecken, daß sie der Plage aus den Wäldern wirklich Herr werden konnten.

Auch heute noch besteht im portugiesischen Hochland wahrlich kein Mangel an Wildschweinen. Sie gelten nun jedoch nicht mehr als Bedrohung, man schätzt vielmehr ihr mageres, aromatisches Fleisch und bereitet es häufig mit Pilzen zu, damit man »den vollen, runden, würzigen Geruch des Waldes auf der Zunge schmecken kann«.

# Cabrito assado

Gebratenes Zicklein

*1/2 Zicklein (etwa 2 kg)*
*1/8 l Olivenöl*
*Salz*
*250 g Speck, in Streifen geschnitten*
*3–4 Gewürznelken*
*1 TL Wacholderbeeren*
*1 TL gemahlener Zimt*
*Pfeffer*
*100 g Butter*
*1 Zwiebel*
*300 ml Weißwein*
*500 g gekochte, geschälte Kastanien*

*Das Zicklein am Vortag in einem Stück in eine große Tonschüssel legen, mit Öl bestreichen und mit Salz würzen. Das Fleisch mit einem spitzen Messer mehrmals leicht einschneiden, die Speckstreifen, die Nelken und die Wacholderbeeren in die Einschnitte hineindrücken. Das Zicklein mit Zimt und Pfeffer bestreuen, zudecken, in den Kühlschrank stellen und nach einigen Stunden wenden.*
*Am nächsten Tag Butter in einer großen Bratpfanne erhitzen, die feinblättrig geschnittene Zwiebel leicht anbräunen, das Fleisch einlegen und im vorgeheizten Backofen bei mittlerer Hitze etwa 3 Stunden braten. Ab und zu mit Wein begießen. Kurz vor dem Servieren die Kastanien einlegen und mit dem Fleisch servieren.*

In ganz Portugal schätzen die Menschen ein gut gewürztes und gebratenes Zicklein. Man bereitet es in Ton- und Keramikformen zu, in der *Assadeira*, einer langen, riesigen Bratpfanne, oder grillt es über duftenden Lorbeerästen *no espeto*, am Spieß.

In unserem Rezept aus Bragança verleihen Gewürznelken und Zimt dem Gericht eine asiatisch-exotische Note. Das mag heute überraschend erscheinen, doch in der ersten Hälfte des 16. Jahrhunderts, als dieses Rezept entstand, nannten sich Portugals Könige die »Herren des indischen Handels«. Für ein Jahrhundert besaß Portugal alles: mit den Molukkeninseln Ternate und Tidore den Gewürznelkenhandel der Welt, mit Ceylon, dessen Herrschern sie einen jährlichen Tribut von 125 Tonnen Zimt aufbürdeten, das Monopol des Zimthandels in Europa. »In ganz Lissabon«, schrieb ein Chronist 1585, »roch es ständig nach Gewürzen, und der feine, betörende Duft malte Gaukelbilder der Tropen in die Köpfe portugiesischer Männer.«

Doch als 1640 die Herzöge von Bragança den portugiesischen Thron bestiegen, war das goldene Jahrhundert der Gewürze schon vorbei. Die Erben im Reiche des Zimts und der Nelken waren die Holländer, ehe auch sie ihre Gewürzinseln wieder verloren.

Dem Geschmack der gebratenen Zicklein, die in Trás-os-Montes heute auch oft mit scharfem Paprikapulver und viel Knoblauch gewürzt werden, bekommt jedoch die exotische Note unseres Rezeptes besonders gut.

# Galinha recheada à moda de Alto Barroso

Gefülltes Huhn nach Art von Alto Barroso

*1 Brathuhn (etwa 1,5 kg)
Für die Marinade:
2 Knoblauchzehen, 8 EL Olivenöl
2 TL Paprika, 1 Messerspitze Chili
1 Lorbeerblatt, Salz, schwarzer Pfeffer
Für die Füllung:
1 EL Olivenöl, 1 mittelgroße Zwiebel
1 Knoblauchzehe, 1/8 l Weißwein
Innereien vom Huhn
200 g Presunto- oder Räucherschinken
200 g Hackfleisch, 2 kleine Tomaten
Salz, Pfeffer, Muskatnuß, 2 hartgekochte Eier
6 Oliven, 2-3 Pfefferminzblätter*

*150 g Speck, Hühnerbrühe
1/16 l Portwein, 40 g Butter*

*Das Brathuhn auf eine Platte legen. Im Mörser aus zerdrückten Knoblauchzehen, Olivenöl, Paprika, Chili, Lorbeerblatt, Salz und schwarzem Pfeffer eine Marinade herstellen und mit einem Pinsel auf das Huhn auftragen. Das Huhn über Nacht in den Kühlschrank legen.
Für die Füllung Öl erhitzen, feingehackte Zwiebel und feingehackte Knoblauchzehe goldbraun braten und mit Wein ablöschen. Den Wein etwas einkochen lassen, die kleingeschnittenen Innereien, den in Streifen geschnittenen Schinken, das Hackfleisch und die geschälten, gewürfelten Tomaten dazugeben und 5-10 Minuten dünsten. Die Masse mit Salz, Pfeffer und Muskatnuß würzen und beiseite stellen. Sobald die Füllmasse abgekühlt ist, mit den kleingehackten Eiern, den entkernten, in schmale Ringe geschnittenen Oliven und den Minzblättern vermischen und in die Leibeshöhle des gut abgetupften Huhnes füllen. Die Öffnung mit Küchengarn zunähen. Den Rest der Marinade aufbewahren.
Speck in Streifen schneiden und glasig rösten. Das gefüllte Huhn darüberlegen und auf beiden Brustseiten gut anbraten, dann auf den Rücken legen und fertigbraten. Mit eigenem Saft, der restlichen Marinade und etwas Hühnerbrühe begießen.*

*Das Huhn vor dem Tranchieren herausnehmen und warm stellen. Den Bratfond einkochen lassen, bis er schön braun ist, 1/16 l Portwein und 1/16 l Hühnerbrühe angießen und gut verkochen lassen. Frische Butter im Bratsatz aufschäumen und gut verrühren. Das Huhn tranchieren, mit dem Bratsaft umkränzen und mit grünen Erbsen servieren.*

Häuser aus riesigen Granit- und Schieferblöcken, Ochsenkarren aus Holz, Schlafstellen in Backöfen: Barroso und Alto Barroso im Bereich der Serra do Larouco, dem zweitgrößten Gebirgszug des Landes, ist eine Region winziger Dörfer, die aus der Zeit fielen.
Die größte Ansiedlung, Montalegre, liegt nahe der spanischen Grenze, und ihre Burg gibt Zeugnis von den vielen Jahren des Krieges zwischen den beiden Nachbarstaaten.
Das *gefüllte Huhn nach Art von Alto Barroso* ist ein Gericht, das für Sonntage und viele Gäste gedacht ist. Man verwendet hier Poularden und bereitet sie häufig gleich mehrfach zu, denn ein solches Huhn reicht nur für etwa vier Personen. Ein kleineres Hähnchen wird dagegen halbiert und zwei Gästen serviert.

*2 größere oder 4 kleinere Rebhühner,
gerupft und ausgenommen
Salz, 1 EL Gewürzpaprika
4 kleine Frühlingszwiebeln
100 g durchwachsener Speck
4 Scheiben Presunto- oder westfälischer
Knochenschinken
4 Scheiben Chouriço-Wurst oder kräftig
gewürzte Mettwurst
100 ml Weißwein
etwas Hühnerbrühe bei Bedarf
500 g Pilze (Pfifferlinge)
60 g Butter, 1/2 Schalotte
1 kleine Knoblauchzehe
Salz, Pfeffer
2 EL süße Sahne, 2 EL gehackte Petersilie*

*Rebhühner innen und außen mit Salz würzen und mit Paprika einreiben. Zwiebeln vierteln, in dünne Streifen geschnittenen Speck, 2 Schinken- und 2 Wurstscheiben in einen Tontopf schichten, die Rebhühner darüberlegen, mit den restlichen Wurst- und Schinkenscheiben abdecken, Wein angießen, einen Deckel aufsetzen und die Rebhühner im vorgeheizten Backofen bei mäßiger Hitze garen. Bei Bedarf etwas Hühnerbrühe angießen. Die fertiggegarten Rebhühner aus dem Topf nehmen und warm stellen.
Pilze putzen, waschen, abtropfen lassen und größere Pilze halbieren oder vierteln. Butter erhitzen, die kleingehackte Schalotte und die geschälte Knoblauchzehe anschwitzen, die Pilze hinzufügen und kurz dünsten. Pilze mit Salz und Pfeffer würzen und die Sahne unterrühren.
Pilze mit dem Bratsatz der Rebhühner mischen, die Rebhühner einlegen und bei geringer Hitze 10 Minuten ziehen lassen. Rebhühner halbieren, anrichten, mit den Pilzen umlegen und mit der Petersilie bestreuen.*

# Perdizes com cogumelos

Rebhühner mit Pilzen

Pilze begleiten in Portugal vorwiegend Wildgerichte. Nur selten findet man sie als Beigabe zu Fleischspeisen, fast nie zu Fisch. Wenn der Herbst naht, gehen die Bergbewohner auf die Suche nach den leckeren *Cogumelos*, Pilzen, die zusammen mit den Trophäen der Jagdsaison delikate Gerichte ergeben. Dabei sind allerdings, wie überhaupt zum Pilzesammeln, genaue Kenntnisse nötig, welche Arten genießbar sind. Die »diebischen und gefräßigen Bettler«, wie der Naturforscher Carl von Linné die Pilze wegen ihres Parasitendaseins einmal nannte, können unwissenden Pflückern schweren Schaden zufügen.
Von den in unseren Läden angebotenen Pilzen eignen sich die zarten, würzigen Pfifferlinge und die jungen Steinpilze am besten für unser Gericht. Da Steinpilze jedoch dazu neigen, sich während des Kochens zu zersetzen und etwas schleimig zu werden, rate ich zu Pfifferlingen.
Die auch Eierschwämme genannten Pilze bedürfen keiner ausgefallenen Zubereitungsart, man kann sie rasch in Öl oder Butter und feingehackter Schalotte dünsten und ihren Geschmack mit Salz, Pfeffer und Petersilie abrunden oder wie in unserem Rezept *à la creme* mit etwas saurer oder süßer Sahne zubereiten.
Die in Gemüseläden erhältlichen tiefgefrorenen Pfifferlinge können wie frischgepflückte Pilze verwendet werden. Sie haben durch die Konservierung zwar etwas von dem intensiven Waldgeschmack eingebüßt, eignen sich jedoch gut für Zubereitungsarten mit Sahne.

# Feijoada à transmontana

Bohnentopf nach Art von Trás-os-Montes

*1 kg große weiße Bohnen*
*1 Schweinsohr*
*1 Schweinshaxe*
*500 g geräucherte Schweinerippchen*
*1 geräucherte Schweinszunge*
*150 g Wurzelgemüse*
*(Lauch, Karotte, Petersilienwurzel)*
*1 Lorbeerblatt, 1 EL Öl*
*1 Zwiebel*
*3 Knoblauchzehen*
*150 g Blutwurst*
*150 g stark gewürzte Schweinswurst*
*2 Tomaten*
*30 g Butter, Kreuzkümmel*
*Piri-piri oder Cayennepfeffer*
*Salz, Petersilie*

*Gewaschene Bohnen über Nacht in kaltem Wasser einweichen. Das Schweinsohr, die Schweinshaxe, die Schweinerippchen und die Schweinszunge in einen großen Kochtopf geben, mit Wasser bedecken, geputztes, kleingeschnittenes Wurzelgemüse und das Lorbeerblatt beigeben, kochen lassen, bis das Fleisch halbgar ist.*
*In einem zweiten Topf das Öl erhitzen, die kleingeschnittene Zwiebel und die zerdrückten Knoblauchzehen anbraten, die Bohnen mit ihrem Einweichwasser dazugeben und 60 Minuten auf niedriger Stufe kochen.*
*Das halbgare Fleisch aus der Brühe nehmen und den Bohnen hinzufügen. Weiterkochen, bis die Bohnen fast weich sind. Die Würste einlegen und so lange auf niedriger Flamme mitkochen lassen, bis die Bohnen ganz weich sind.*
*Tomaten schälen, kleinwürfeln, in Butter zu einer saucenartigen Konsistenz verkochen, mit etwas Bohnenwasser aufgießen und mit zerdrückten Bohnen eindicken. Die Mischung unter die Bohnen rühren. Mit Kreuzkümmel, Piri-piri oder Cayennepfeffer und Salz nachwürzen.*
*Das Fleisch aus dem Topf nehmen, in Stücke schneiden, in einer vorgewärmten Schüssel anrichten und mit den Bohnen übergießen. Mit der Petersilie garnieren.*

*Blutwurst und Schweinswurst getrennt aufschneiden und über gekochtem Reis servieren.*

Ein Bohnentopf eroberte das fünftgrößte Land der Erde: Ohne ihre geliebte *Feijoada* wollten Portugiesen auch im fernen Brasilien nicht leben. Als die südamerikanische Kolonie die Herrschaft des Mutterlandes endgültig abschüttelte, war der deftige Eintopf zwischen Amazonas und Rio Grande längst zum heißgeliebten Nationalgericht geworden. Zwar bereitet man ihn dort traditionell mit roten Bohnen und viel Phantasie zu, das Grundrezept hat jedoch seine Wurzeln in Trás-os-Montes.
Auch in Nordportugal gibt es mehrere Arten der Feijoada. Vielfach verwendet man alle Teile vom Schwein nur geräuchert, neben Ohren und Zunge auch den Rüssel, die Füße und den Schwanz. Damit der Bohnentopf seinen charakteristischen Geschmack erhält, ist dies jedoch nicht unbedingt erforderlich, es genügt, wenn Rippchen oder Zunge geräuchert sind. Die anderen Zutaten aus Schweinefleisch wären bei uns geräuchert ohnehin kaum zu bekommen.

*1 kg Mangoldblätter*
*Salz*
*100 ml Olivenöl*
*1 Knoblauchzehe*
*Pfeffer*
*1 EL Mehl*
*6 EL Milch*
*2 Weißbrotscheiben*
*30 g Butter*

# Esparregado de acelgas

Mangoldbrei

*Mangoldblätter waschen und in Salzwasser etwa 8–10 Minuten kochen. Abtropfen lassen, die Blätter rollen und in feine Streifen schneiden. Öl erhitzen, die kleingehackte Knoblauchzehe anrösten, Mangold einlegen, mit Salz und Pfeffer würzen, gut umrühren und kurz dünsten.*
*Mehl in einer Pfanne mit schwerem Boden leicht bräunen, Milch angießen, gut durchrühren und unter das Gemüse mischen. Bei geringer Hitze kurz kochen lassen.*
*Weißbrotscheiben kleinwürfeln, in Butter goldbraun braten und vor dem Servieren über das Gemüse streuen.*

Die portugiesische Küche liebt *Esparregados*, anspruchslose Gerichte aus ganz jungen Gemüseblättern, ob es sich dabei um Spinat, Brennesseln, Sauerampfer, Rübenkraut oder wie bei unserem Rezept um Mangold handelt.

Anders als im Norden Portugals war Mangold, der »römische Kohl«, bei uns lange vergessen. Die zum Blattgemüse umgewandelte Rübe, deren Verdickungen aus der Wurzel in die Stengel aufgestiegen sind, ist reich an Mineralsalzen und Vitaminen, sehr anspruchslos und pflegeleicht.

Nach der Blattform unterscheidet man Schnittmangold mit verhältnismäßig kleinen Blättern, Rippenmangold mit großen Blättern und breiten Blattstielen und inzwischen auch eine Kreuzung aus beiden Sorten, die Rippen-Schnitt-Mangold genannt wird, mit mittelgroßen Blättern und schöner dunkelgrüner Farbe. Diese Art eignet sich für unser Gericht am besten.

Die mitteleuropäische Küche verwendet häufig Mangoldstiele und Blätter getrennt. Natürlich kann man für unser Gericht auch die Stiele ausschneiden und nur die Blätter verwenden, das verkürzt die Kochzeit erheblich. In den portugiesischen Gebirgsdörfern rollt man jedoch die kompletten Mangoldblätter mit den Stielen auf und schneidet sie in fadendünne Ringe.

Häufig mengt man auch noch etwas Sauerampfer darunter, wie überhaupt Mischungen mit Wildgemüsen aller Art sehr beliebt sind. Die Portugiesen mögen die Esparregados am liebsten, wenn sie einen feinen, leicht bitteren Geschmack haben.

*8 mittelgroße feste Äpfel*
*6 EL Zucker*
*1 TL Zimt*
*2 EL gehackte Rosinen*
*2 EL gehackte Mandeln*
*1 EL gehackte Pistazien*
*Butter*
*200 ml Portwein*
*120 g dunkle Schokolade*
*40 g weiche Butter*

*Äpfel waschen, einen Deckel abschneiden, das Kerngehäuse großzügig entfernen und die Äpfel so aushöhlen, daß ein etwa 2 cm breiter Rand übrigbleibt. Das ausgehöhlte Fruchtfleisch in einem Mörser zerstoßen, mit 1 EL Zucker, Zimt, Rosinen, Mandeln und Pistazien vermischen und in die Äpfel füllen.*
*Eine feuerfeste Form mit flüssiger Butter ausstreichen, die Äpfel einstellen, mit Zukker bestreuen, Butterflöckchen aufsetzen, den Portwein darübergießen und in den vorgeheizten Backofen stellen. Die fertiggebratenen Äpfel in Dessertschalen anrichten.*
*Aus geschmolzener Schokolade, weicher Butter und 2–3 EL Apfelsaft aus der Backform eine Schokoladensauce herstellen, mit dem Schneebesen gut durchschlagen und über die Äpfel gießen.*

# Maçãs assadas à transmontana

Bratäpfel mit Portwein

Die Römer waren nicht nur Meister in der Kriegskunst, sondern auch in der Naturkunde. Als ihre Legionen das damalige Lusitanien besetzten, kannten die Gelehrten in Italien bereits 29 verschiedene Apfelsorten. Die Bauern und Landarbeiter waren erfahren im Pfropfen und Veredeln und konservierten die frischen Früchte durch sorgfältiges Einlegen in Honig.
Es ist auch bekannt, daß Roms Köche Rezepte für in Wein geschmorte Äpfel kreiert haben. Ihr süßer *Passum* eignete sich besonders gut für hochprozentige Leckereien. Den damals noch fehlenden Zucker konnten die Römer durch Honig ersetzen, und ließ sich ihr Würzwein auch nicht mit Portwein vergleichen, so gab er den Äpfeln doch das gewünschte alkoholische Aroma. Es ist durchaus denkbar, daß römische Gutsbesitzer in ihren lusitanischen *Villae rusticae*, die als Vorbilder der portugiesischen *Quintas* gelten, bereits in Wein geschmorte Äpfel zubereiten ließen.

*5 Eier
250 g Zucker
1 EL Zitronensaft
1 EL Mehl
1/2 l Milch
Butter
2 TL Zimt
2 TL Kristallzucker*

*Eier und Zucker schaumig schlagen, den Zitronensaft hinzufügen und kurz weiterschlagen. Mehl beimengen und die Milch unterrühren.
4 feuerfeste Keramikförmchen mit Butter ausstreichen und 1–2 Minuten in den gut vorgeheizten Backofen stellen. Den Teig einfüllen und backen, bis eine Messerklinge beim Einstechen trocken bleibt. Zimt und Kristallzucker vermischen, über die Oberfläche der Creme streuen und kurz überbacken.*

# Tigelada

Gebackene Creme

Die *Tigelada* erhielt ihre Bezeichnung nach der *Tigela*, dem Napf oder der Schüssel. Sie wird in kleinen Keramiktiegeln gebacken und heiß, direkt aus dem Backofen kommend, serviert. Der verwendete Zimt und der an der Oberfläche leicht karamelisierte Zucker geben ihr das besondere Aroma und den Wohlgeschmack. Tigeladas werden im allgemeinen »trokken« serviert, es gibt keine Saucen dazu, aber ein Gläschen Portwein ist immer ein willkommener Begleiter. Wir empfehlen dazu einen *Ruby Port*, der etwa zwei Jahre im Faß lagerte, bevor er abgefüllt wurde. Er zeichnet sich durch die leuchtend rote Farbe und eine volle Süße aus.

Will man jedoch aus der Tigelada ein besonders elegantes Gericht machen, könnte man sie mit einer Fruchtsauce, die getrennt gereicht wird, servieren. Am besten eignet sich eine Sauce aus Himbeeren, die mit Puderzucker, Zitronensaft und Himbeergeist püriert werden. Oder eine gut gekühlte Kiwicreme aus pürierten Kiwis und Zucker, die man mit Portwein aromatisiert.

# Beira Litoral und Beira Baixa

**B**eira Litoral: weiter Horizont, dunstiger Himmel, Möwen im Wind, Windmühlen und weißglitzernde Berge von Salz. Das sanfte Land an der nördlichen *Costa de Prata*, der Silberküste, ist ein kilometerbreiter Lagunen- und Dünenstreifen, der von Pinienhainen, Eukalyptusbäumen und Strandkiefern gesäumt wird.
Weiter östlich, in den Tälern der Vouga und des Rio Mondego, an dem die altehrwürdige Universitätsstadt Coimbra liegt, geht die Beira Litoral in grünes Hügelland über. Ein Duft von Meeresbrise, Harz und Jod, der Geruch von trocknendem *Bacalhau*, den die *Pescadores*, die Fischer, von ihren Nordmeerreisen nach Hause bringen, liegt in der Luft. Die großen Flüsse, die durch Portugals Mitte fließen, enden in Sümpfen. Der Ozean, aufgerauht von heftigen Winden, schüttete seine Sturmfluten über die Küste und drängte das kalkweiße Aveiro, das einst am Meer lag, hinter eine dünenartige Nehrung in den Mittelpunkt eines verzweigten Lagunenlabyrinths.
Die letzten *Moliceiros*, gondelähnliche Boote mit hochgezogenem, buntbemalten Bug, tummeln sich malerisch im trüben Wasser. Männer versuchen mit langen Harken, Algen aus der Meerestiefe an Bord zu hieven. Mit dem Tang düngen sie dann ihre Felder, auf denen Reis, Mais, Obst und Gemüse wachsen. Das Wasser schenkt den Menschen jedoch nicht nur Algen, sondern auch Fische und Meeresfrüchte in verschwenderischer Fülle.
Und die Küche der Beira Litoral lebt von dem, was Meer und das Land an der Küste zu bieten haben. Es gibt herrliche Fischsuppen, wie zum Beispiel den Aaleintopf *Caldeirada de enguias* mit *Piri-piri* und Tomaten, oder die *Caldeirada à pescador* mit Muscheln, Krevetten und kleinen Langusten, die frisch vom nächtlichen Fang in die Kochtöpfe kommen.
Man kocht *Santola recheada*, lecker gefüllte Krebse, Neunaugen in Rotwein und *Sardinhas na telha*, Sardinen in Weißwein, man bereitet in Mealhada die berühmtesten Spanferkel ganz Portugals zu und erfreut sich an *Sarrabulho à moda da Bairrada*, einem gutgewürzten Gericht mit Schweineblut, an *Bucha recheada*, gefülltem Schweinemagen, und an *Perna de porco no forno*, im Ofen gebratenen Schweinsfüßen. Es gibt Rebhühner und viele Gerichte mit Reis, der auf einer der zahlreichen Anbauflächen der Beira Litoral wächst.
An Süßspeisen besteht kein Mangel. Buntbemalte Fäßchen, die mit *Ovos moles* gefüllt sind, stimmen in Aveiro auf zuckersüße Leckereien wie *Pastéis de Santa Clara*, auf *Pingos de Tocha* und *Rebuçados de ovos*, Eierkonfekt, ein.
Südlich des Douro bis in die Gegend von Coimbra reicht das Weinanbaugebiet Bairrada, wo auf schweren, kalkreichen Böden kräftige Rot- und Weißweine wachsen.
Die Provinz Beira Baixa erstreckt sich über eine weite, wenig fruchtbare Hochebene zwischen den südlichen Vorbergen der Serra da Estrêla und den hier weithin einsamen Stromlandschaften am Rio Tejo.
Schwermütige Burgen auf einem Weg, den schon die Römer gingen, sind die Signale des Grenzlandes zu Spanien. Steinige Böden, kurvige Sträßlein, kleine Dörfer, knorrige Ölbäume, schwarzgekleidete Frauen, Backöfen, die dem ganzen Dorf gehören, verströmen eine karge und dennoch behagliche Atmosphäre.
In den wenigen großen Gütern und den winzigen Landwirtschaften ist man autark. Die großen Wälder sind voller

Wild, Schafe und Ziegen sorgen für Fleisch und Käse. In bescheidenem Maße wachsen Getreide, Wein, Oliven, Gemüse und Obst.
Das urwüchsige, rustikale, meerferne Land hat eine bodenständige Eßkultur hervorgebracht. Man kocht *Migas* und *Açordas*, sämige Brotsuppen mit Schinken und Wurst, die beliebte Hühnerbrühe *Canja* mit Zitrone und Minze, man bereitet die Klippfischfrikadellen, *Bolinhos de bacalhau*, mit pochierten Eiern und die Stichlinge als *Carapaus no forno* mit Zwiebeln, Tomaten und Oliven im Ofen zu.
Man liebt *Pato com arroz*, Ente mit Reis, *Almôndegas de lebre*, Klöße aus Hasenfleisch, und *Borrego assado e recheado*, gebratenes, gefülltes Lamm. Sehr reich ist der Rezeptschatz für Rebhühner und Hasen, für Pasteten, Gemüsebreie und in Wein gekochte Kartoffeln, *Batatas bêbadas*.
Auch in der Baira Baixa gibt es eine reiche Auswahl an süßen Desserts. Ob Pudding, Torte, Gelee, *Tigelada* oder *Biscoito* auf den Tisch kommt, immer geht man mit Eiern und Zucker verschwenderisch um. Rezepte sehen bis zu 18 Eiern für einen Kuchen vor und mischen ein halbes Kilo Mehl mit der gleichen Menge Zucker. Nicht weniger süß sind die Liköre: der Anisette *Anis escarchado* ebenso wie der *Licor Beirão* aus Früchten und Kräutern und die *Ginja com elas* mit eingelegten Sauerkirschen.

## Canja com hortelã

Hühnersuppe mit Minze

*1 Suppenhuhn*
*Innereien (Leber, Herz, Magen)*
*4 Streifen unbehandelte Zitronenschale*
*4 Petersilienzweige*
*Salz*
*1 Zwiebel*
*60 g Reis*
*1 EL Zitronensaft*
*Pfeffer*
*1 Bund frische Minze*

*Das sorgfältig ausgenommene und gewaschene Huhn mit den Innereien, der Zitronenschale und den Petersilienzweigen in einen großen Topf legen, mit 2–2 1/2 l kaltem Wasser auffüllen, mäßig salzen, nicht zudecken und zum Kochen bringen.*
*Die Zwiebel mit der Schale halbieren, die Schnittflächen in einer beschichteten Pfanne dunkel anbräunen und zur Brühe geben. Die Brühe 2 Stunden bei mäßiger Hitze langsam kochen lassen und durch ein Sieb in eine Kasserolle gießen.*
*Das Huhn und die Innereien zurück in die Brühe legen, Reis einstreuen und weitere 25–30 Minuten kochen lassen, bis das Huhn weich ist.*
*Den Topf vom Feuer nehmen, das Huhn und die Innereien herausnehmen, abkühlen lassen. Haut und Knochen entfernen und das Fleisch und die Innereien in Streifen schneiden.*
*Das Hühnerfleisch in die Brühe zurücklegen, Zitronensaft hinzufügen, mit Salz und Pfeffer nachwürzen, kurz aufkochen lassen und feingehackte Minze darüberstreuen.*

Im Wettstreit um die Beliebtheit der portugiesischen Suppen steht heute die *Canja* nach dem *Caldo verde* an zweiter Stelle. Umgekehrt war es einst am Hof der Könige aus der Dynastie von Bragança. Doch die derart geadelte Canja wurde nur als Consommé zubereitet, sie durfte nur eine wohlduftende Essenz sein, das gekochte bleiche »Suppenhuhn« war nicht für die verwöhnten königlichen Gaumen bestimmt, es wanderte in die Dienstbotenküche.

Heutzutage darf die Canja auch in den feinsten Kreisen das Geflügel, aus dem sie gekocht wurde, behalten. In verschiedenen Regionen Portugals reichern Hausfrauen die Suppe, die heute anstelle von Reis oft winzige Teigwaren, sogenannte »Perlen«, enthält, mit weiteren Ingredienzen an. Zuweilen dickt man sie mit mehreren Eigelben ein, was sie ungemein nahrhaft macht und fast zum Hauptgericht werden läßt. Auch die Beigabe von Räucherschinken und Würsten kommt gelegentlich im Alentejo vor, doch das ist keine besonders empfehlenswerte Variante. Dabei geht nämlich der unverwechselbare Geschmack des Huhns verloren, und die *Canja com hortelã*, die Suppe mit dem frischen Minzgeschmack, ähnelt zu sehr einer bäuerlichen Wurstsuppe. Neben der nahrhaften Hühnerbrühe kochen Portugiesen in der Estremadura auch noch *Canja de bacalhau* aus dem allgegenwärtigen Klippfisch mit einer Einlage aus Kartoffeln. Und an der Algarve liebt man *Canja de conquilhas*, eine einfache Muschelsuppe mit Reis. Zweifellos schmeckt aber das Originalrezept am besten, vor allem, wenn man das Huhn mit Sorgfalt auswählt und ihm genügend Zeit gibt, bei mäßiger Hitze langsam zu kochen.

# Caldeirada de enguias

Aaleintopf mit Tomaten

*1 kg Aal*
*Salz*
*Pfeffer*
*6 EL Olivenöl*
*etwas Butter*
*1 Zwiebel*
*150 g roher Schinken in dünnen Scheiben*
*300 ml Weißwein*
*1 Lorbeerblatt*
*400 g geschälte Tomaten*
*2 Knoblauchzehen*
*1 Bund Petersilie*
*Piri-piri oder Cayennepfeffer*
*4 Brotscheiben*

*Aale enthäuten, ausnehmen, säubern und in 4–5 cm lange Stücke schneiden. Aalstücke auf ein Tuch legen, gut abtrocknen und mit Salz und Pfeffer würzen.*
*4 EL Olivenöl und etwas Butter in einem großen Topf aufschäumen lassen, kleingehackte Zwiebel und die Schinkenscheiben goldbraun braten, Aalstücke einlegen und mehrmals wenden. Wein angießen, Lorbeerblatt einlegen und den Wein bei mäßiger Hitze auf die Hälfte einkochen lassen. Tomaten entkernen, in Würfel schneiden, mit dem Aal vermischen, den gehackten Knoblauch und die kleingehackte Petersilie darüberstreuen, mit Piri-piri oder Cayennepfeffer würzen, zudecken und bei sanfter Hitze etwa 35 Minuten köcheln lassen.*
*Brotscheiben in 2 EL heißem Olivenöl anbraten, in Suppenteller legen und den Aaleintopf darübergießen.*

In Aveiro gibt es die besten portugiesischen Aalrezepte, wobei es gleichgültig ist, ob die *Caldeirada de enguias* mit Kartoffeln und einer cremigen Safransauce oder, wie in unserem Rezept, mit einer gut gewürzten Tomatensauce auf den Tisch kommt – sie schmeckt immer delikat. Und sie kann sich mit der französischen *Matelote d'anguille*, die es in verschiedenen Variationen gibt, durchaus messen.
Bei Aveiro, wo der Küstensaum fjordartige Buchten ausbildet und die aus der Mitte Portugals kommenden Flüsse ihre Mündungstrichter gegraben haben, tummeln sich zur entsprechenden Jahreszeit in der fischreichen Ria und ihren Seitenkanälen die Aale um die Wette. Auf dem Fischmarkt von Aveiro findet man sie dann in jeder Größe, oft sind sie noch so schlank, daß sie vor der Zubereitung nicht enthäutet werden müssen. Bei uns angebotene Exemplare sind meist dicker und erinnern uns daran, daß der Aal mit seinem schlangenförmigen Körper und der dicken Haut ein Fettfisch ist. Zum Ausgleich bietet er jedoch viele Vorteile: Er hat keine Gräten, bleibt beim Kochen saftig, und sein Fleisch wird nicht faserig.

Wer im Umgang mit Aalen noch ungeübt ist, läßt die Fische am besten vom Händler enthäuten, ausnehmen und köpfen. Kocht man eine Caldeirada für vier Personen, sollte man – wenn sie zu haben sind – schlanke, etwa dreißig Zentimeter lange Aale einkaufen. Sie sind feiner im Geschmack als ihre dickeren und fettreicheren Brüder.

## Santola recheada

Gefüllter Taschenkrebs

*4 Taschenkrebse*

*Für den Sud:*
*3 l Wasser, Salz*
*1/2 l trockener Weißwein*
*12 zerdrückte Pfefferkörner*
*1 Lorbeerblatt*
*1 Zwiebel, 1 Bund Petersilie*

*140 g Butter, 2 Schalotten*
*2 Knoblauchzehen, 100 g Champignons*
*80 g gekochte Erbsen, 3 cl Kognak*
*300 ml Béchamelsauce*
*Piri-piri oder Cayennepfeffer, Salz*
*Zitronensaft, 8 EL geschlagene Sahne*
*2 EL grobgeriebenes Weißbrot*

*Die lebenden Taschenkrebse gut reinigen und in einem Sud aus reichlich kochendem Salzwasser und Weißwein, Pfefferkörnern, Lorbeerblatt, der in dicke Scheiben geschnittenen Zwiebel und einigen Petersilienzweigen etwa 30 Minuten (pro Kilogramm) kochen.*
*Im Sud abkühlen lassen. Die Krebse herausnehmen, abtropfen lassen, Scheren und Füße abdrehen, aufbrechen und die Schwanzplatte vom Panzer entfernen. Das Fleisch aus Scheren, Füßen und dem aus der Schale gehobenen Körper sowie den Corail, die cremige Substanz um die Leber, auslösen. Die Rückenschalen innen und außen gut auswaschen und beiseite legen.*
*80 g Butter erhitzen, die kleingewürfelten Schalotten und die kleingehackten Knoblauchzehen glasig rösten, die blättrig geschnittenen Champignons und die Erbsen zugeben und kurz andünsten, mit Kognak ablöschen und diesen weitgehend einkochen lassen.*
*Béchamelsauce, das Krebsfleisch und den Corail zugeben, bei geringer Hitze 5 Minuten kochen lassen, mit Piri-piri beziehungsweise Cayennepfeffer, Salz und Zitronensaft würzen und die geschlagene Sahne unterziehen. Diese Masse in die gut gereinigten Rückenschalen füllen, mit geriebenem Brot bestreuen, mit der restlichen, flüssigen Butter beträufeln, im heißen Backofen gratinieren und rasch auf den Tisch bringen.*

Der Taschenkrebs, ein rauflustiger und kampferprobter Bursche mit gestielten Augen, zwei kurzen Fühlern und überaus starken Scheren, mit denen er sich alle Feinde vom Leib hält, kann ein Gewicht von bis zu sechs Kilogramm erreichen. In den Küchen landen jedoch meist nur ein bis eineinhalb Kilogramm schwere Tiere, deren dunkler oberer Panzer ungefähr zwanzig Zentimeter Durchmesser erreicht. Trotz ihrer Größe enthalten die Körper der in den Küstengewässern des Atlantischen Ozeans wohnenden Tiere nur wenig Fleisch, aber auch die Leber und die umgebende cremige Substanz, der *Corail*, sind ausgesprochen schmackhaft.
Taschenkrebse werden von Gourmets als Delikatesse oft noch vor den Hummern eingereiht. Das Fleisch aus Scheren, Beinen und dem Körper wird zu Cocktails, zu warmen und zu kalten Vorspeisen verarbeitet.
Am dekorativsten wirken die Taschenkrebsgerichte jedoch in der eigenen Schale, wie etwa beim spanischen *Changurro* oder bei der *Santola recheada* aus der Beira Litoral.

# Arroz de forno

Ofenreis

*250 g Kalbfleisch
1 dicke Schinkenscheibe
150 g Salpicão oder geräucherte Bauernwurst
1 Hühnerbrust
1 Möhre
1 Bund frische Kräuter
1 EL Zitronensaft
1 Zwiebel
2 EL Olivenöl
1 große Tasse Reis
Salz, Pfeffer
1/2 TL Safran
12 schwarze Oliven
1 Zitrone
gehackte Petersilie*

*Das Kalbfleisch mit dem Schinken, der Wurst, der Hühnerbrust, der Möhre und frischen Kräutern in mit Zitrone gesäuertem Wasser gar kochen.
Die kleingehackte Zwiebel in Olivenöl anbräunen, den Reis einrühren und glasig dünsten, 2 Tassen Wasser auffüllen, salzen, zugedeckt etwas einkochen und bei schwacher Hitze etwa 10 Minuten weiterköcheln lassen.
Fleisch, Schinken, Wurst, Möhre und entbeinte Hühnerbrust in Würfel schneiden, salzen, pfeffern und mit Safran unter den Reis mischen.
Reis in den Backofen schieben und bei 180° C fertiggaren. Mit schwarzen Oliven und Zitronenachteln garnieren, Petersilie aufstreuen und servieren.*

Die Häuser des Städtchens Monsanto, wo das Rezept für dieses Gericht herstammt, heben sich kaum von den braunen Felsen ab, an die sie sich schmiegen. Häufig sind sie ärmlich und halb verfallen, aber die Reste einer riesigen Burganlage und die stolzen Wappen über den Türen künden von vergangenen heroischen Tagen.
Monsanto in der Beira Baixa, ein kühner, befestigter Ort nahe der spanischen Grenze, wurde 1939 zum »typischsten portugiesischen Dorf« auserkoren und mit einem vergoldeten Wetterhahn ausgezeichnet.
Die Bewohner von Monsanto, fest in den alten Bräuchen verwurzelt, glauben zuweilen an Geister und Hexen, vor allem aber an die Sage vom reisgefüllten Kälbchen: Als die Römer, die Mauren oder die Kastilier – so genau berichtet die Sage nicht – einst das Dorf lange Zeit belagerten, um es auszuhungern, und sich ihrem Ziel nahe glaubten, befahl der Burgherr, ein mit Reis gefülltes Kälbchen über die Wehrmauern zu werfen.
Es war die allerletzte Nahrung, die man noch für Kranke zurückgehalten hatte. Doch die List tat ihre Wirkung. Das Kälbchen beeindruckte die Belagerer, angesichts solch augenscheinlicher Vorräte zogen sie unverrichteter Dinge ab, über die heimlichen Depots der Dörfler rätselnd.
Beim alljährlichen Ortsfest am 3. Mai werfen nun die Mädchen von Monsanto zur Erinnerung an bewegte Zeiten bunte Blumensträuße über die alten, zerbrochenen Festungsmauern. Die Kälbchen hingegen wandern heutzutage in den Kochtopf oder die Bratpfanne und werden besonders gern an Festtagen als *Arroz de forno* verspeist.

*2 dicke Scheiben Presunto- oder roher Schinken*
*1 Knoblauchzehe*
*4 kleine Kalbsmedaillons*
*Salz*
*80 g Butter*
*1 TL Zitronensaft*
*4 Tomatenscheiben*
*Pfeffer*
*1 EL gehackte Petersilie*
*8 dünne Weißbrotscheiben*
*2 Eier*
*2 EL Öl*

*Schinkenscheiben einige Stunden wässern, anschließend Fett und Schwarte wegschneiden. Das Fett kleinwürfeln, in einer flachen Pfanne mit der Knoblauchzehe erhitzen, die Schinkenscheiben einlegen und braten.*
*Kalbsmedaillons vorsichtig klopfen, salzen, in 50 g heißer Butter goldbraun braten und mit Zitronensaft würzen. Tomatenscheiben im Kalbfleischfond kurz braten, mit Salz und Pfeffer würzen und mit der gehackten Petersilie bestreuen.*
*4 Brotscheiben mit je 1/2 Scheibe Schinken, 1 Tomaten- und 1 Kalbfleischscheibe belegen, mit 1 Brotscheibe bedecken und mit Zahnstochern feststecken. Brote in verquirltem Ei wenden und auf beiden Seiten in Öl und der restlichen Butter braten.*

# Presunto assado em boa companhia

Schinken in guter Gesellschaft

ieses Gericht sieht nicht nur verführerisch aus und schmeckt vorzüglich, es ist auch im Nu zubereitet. Es eignet sich als Vorspeise oder Appetithappen ebensogut wie als Hauptmahlzeit. Wenn Sie nicht dazu kommen, den Schinken vorher zu wässern, können Sie auch dünne Parma- oder Knochenschinkenscheiben verwenden.

Besonders hübsch sehen die leckeren Häppchen aus, wenn man dazu rundes Toastbrot verwendet oder aus viereckigem Toastbrot mit einer runden Keksform kleine Kreise von etwa acht Zentimeter Durchmesser aussticht. Auch der Schinken, das Kalbfleisch und die Tomatenscheiben sollten dann passend in Form geschnitten werden. Die Rondellen werden nach dem Braten auf Salatblättern mit einer Garnitur aus Orangenscheiben und schwarzen Oliven angerichtet.

Bereitet man die Schinkenbrote als Hauptgericht zu, reicht man als Beilage einen bunten Sommersalat aus schwarzen Oliven, Tomaten, weißen Bohnen, grünen Paprikaschoten, Salz, Pfeffer, Knoblauch, Olivenöl und Weinessig.

*1 kg Lammfleisch ohne Knochen*
*Salz*
*schwarzer Pfeffer (Mühle)*
*4 EL Olivenöl*
*3 Knoblauchzehen*
*1 Lammleber*
*100 g Speck*
*1 große Zwiebel*
*1 Lorbeerblatt*
*3 Gewürznelken*
*1 Messerspitze Piri-piri oder Cayennepfeffer*
*1 geschälte Tomate*
*1/2 l Rotwein*
*10 g Mehl*
*einige Pfefferkörner*
*2 EL gehackte Petersilie*

*Lammfleisch in Würfel schneiden und mit Salz und Pfeffer würzen. Olivenöl in einem Schmortopf erhitzen, die Knoblauchzehen glasig rösten, herausnehmen und beiseite legen.*
*Die Fleischwürfel und die Lammleber einlegen, rundum gut anbraten und aus der Pfanne heben. Kleingewürfelten Speck in den Bratfond legen und glasig schmoren, die feingeschnittene Zwiebel, das Lorbeerblatt und die Nelken hinzufügen, goldbraun braten und mit etwas Piri-piri oder Cayennepfeffer bestreuen.*
*Die in Scheiben geschnittene Tomate einlegen, kurz schmoren und mit Rotwein ablöschen. Den Rotwein kräftig einkochen lassen, das Fleisch einlegen, mit Mehl bestäuben, durchrühren, mit Brühe bedecken und zugedeckt bei schwacher Hitze garen, bis das Fleisch weich ist.*
*In einem Mörser die Lammleber mit den Knoblauchzehen, einigen Pfefferkörnern und etwas Schmorflüssigkeit zu einer Paste verarbeiten und in das Ragout einrühren. Noch einige Minuten auf kleiner Flamme garen und im Topf, mit gehackter Petersilie bestreut, servieren.*

# Chanfana à moda da Bairrada

Lammragout im Schmortopf

Häufiger als Lämmer brodeln in portugiesischen Schmortöpfen junge Ziegen, und so läßt sich nach unserem Rezept auch ein Zickleinragout herstellen. Das Lamm, portugiesisch *Anho*, darf sich oft lange Zeit auf den Wiesen der Beira Litoral und auf den Hügeln an den Ausläufern der Serra da Estrêla tummeln, ehe es als Hammel, *Carneiro*, in den Kochtopf wandert.
Auch die in Frankreich so heißbegehrten *Pré-salé-Lämmer*, die auf den salzigen Wiesen am Rande des Atlantiks grasen, kommen nur in Portugals Feinschmeckerrestaurants auf den Tisch. Die bäuerliche Bevölkerung weiß, daß Milch und Wolle der Schafe bessere Preise erzielen als ihr Fleisch.
Beim Einkauf von Lammfleisch unterscheidet man die Tiere nach dem jeweiligen Schlachtalter. Milchlämmer oder Milchmastlämmer, die noch – wenn auch nicht ausschließlich – gesäugt werden, sind einige Wochen bis höchstens sechs Monate alt. Diese kleinen Tiere mit einem milde schmeckenden Fleisch werden in der Regel am Spieß gebraten oder als Ganzes in den Backofen geschoben.
Junge Schafe ab einem Schlachtalter von sechs Monaten bis zu einem Jahr gelten als Mastlämmer, sie besitzen ein saftiges, aromatisches Fleisch und lassen sich gut in Stücke teilen, die sich vorzüglich zum Braten eignen. Für Ragouts verwendet man ein Schulterstück ohne Knochen oder schneidet Brust und Nacken in Stücke.
Hammelfleisch nennt man das Fleisch von kastrierten männlichen Tieren oder nicht zur Zucht benutzten weiblichen Tieren, die beide nicht älter als zwei Jahre sein dürfen. Das rote Fleisch mit gelben Flecken ist bereits intensiver im Geschmack, wird jedoch zart und saftig, wenn man es nur lange genug braten läßt.
Nach zwei Jahren wird aus dem Hammel- schließlich endgültig Schaffleisch. Dann büßt es seine guten Eigenschaften ein und schmeckt nicht mehr würzig, sondern nur noch penetrant.

*2 kleine, junge Kaninchen
oder 1 Kaninchen von etwa 2 kg*

*Für die Marinade:
2 Zwiebeln, 2 Knoblauchzehen
1 Lorbeerblatt, 2 Gewürznelken
1 TL Pfefferkörner
2 Rosmarinzweige
1 Stück unbehandelte Zitronenschale
2 EL Rotweinessig
1/4 l kräftiger Rotwein*

*Salz, Pfeffer (Mühle)
4 EL Olivenöl, 100 g Speck
1 große geschälte Tomate
1/2 l Fleischbrühe, 1 EL Butter*

*Kaninchen sorgfältig waschen, trockentupfen, in Stücke teilen und in eine große Schüssel legen. Die in Ringe geschnittenen Zwiebeln, die geschälten, geviertelten Knoblauchzehen, die Gewürze, Kräuter und die Zitronenschale darüber verteilen und den mit etwas Essig vermischten Wein angießen. Die Schüssel gut zudecken und mindestens 24 Stunden an einem kühlen Ort stehenlassen. Die Kaninchenteile ab und zu in der Marinade wenden.
Kaninchenteile aus der Marinade nehmen, gut abtropfen lassen, salzen und pfeffern. Die Marinade durch ein Sieb gießen.
Öl in einem ausreichend großen (Ton-)Topf erhitzen und den kleingewürfelten Speck glasig schmoren. Die gut abgetropften Kaninchenteile einlegen, von allen Seiten anbraten, die Zwiebeln aus der Marinade und die geschälte halbierte Tomate dazugeben.
Mit Marinade und Fleischbrühe ablöschen und das Kaninchen bei mäßiger Hitze 1–1 1/2 Stunden schmoren lassen. Die Kaninchenteile herausnehmen und warm stellen.
Die Schmorflüssigkeit bei guter Hitze stark einkochen lassen, den Topf vom Feuer nehmen, frische Butter einrühren, mit Salz und Pfeffer abschmecken und die Sauce über die Kaninchenteile gießen.*

# Coelho bêbado

Beschwipstes Kaninchen

Im Unterschied zum *Coelho bravo*, dem Wildkaninchen, werden seine domestizierten Vettern in Unfreiheit und in Ställen gehalten. Die portugiesische Küche verwendet beide Arten reichlich. Die zahmen Hauskaninchen erkennt man an ihrem hellen, zarten, fettarmen Fleisch. Sie haben keinen besonders ausgeprägten Geschmack, doch verleihen ihnen die gut komponierten Marinaden aus Wein, Kräutern und Gewürzen eine besonders delikate Note. Das Fleisch der Wildkaninchen hingegen ist dunkler, kräftiger und würziger im Geschmack.
Unser *Coelho bêbado* kann übrigens auch unzerteilt zubereitet werden. Das ist jedoch nur sinnvoll, wenn man den Rücken des Kaninchens immer wieder und ungemein fleißig mit Marinade begießt, sonst wird er trocken, ehe die Keulen gar sind. Besser ist es, das Kaninchen gleich beim Händler in acht Portionen zerlegen zu lassen: Rücken und Brust jeweils geteilt, dazu zwei Keulen und zwei Läufe.
Manche Kaninchenrezepte aus der Region Beira ergänzen das Gericht durch mitgeschmorte kleine Kartoffeln. Das ist eine Frage des persönlichen Geschmacks. In Salzwasser gekochte weiße Kartoffeln, die nicht durch die Weinmarinade eine rötliche Färbung angenommen haben, erscheinen uns als Beilage passender.

*4 junge Tauben*
*Salz*
*Pfeffer*
*100 g fetter Speck*
*100 g durchwachsener Speck*
*2 Schalotten*
*9 Knoblauchzehen*
*1 Lorbeerblatt*
*Piri-piri oder Cayennepfeffer*
*1/4 l Weißwein*
*800 g grüne Bohnen*
*4 EL Olivenöl*
*1 Bund Petersilie*
*200 g Semmelmehl*

*Die vorbereiteten Tauben innen und außen mäßig salzen und pfeffern. Den gewürfelten fetten Speck in einer flachen Pfanne mit schwerem Boden auslassen. Durchwachsenen Speck in Streifen schneiden und im Speckfett braten.*
*Die Tauben einlegen, die feingewürfelten Schalotten, 8 ungeschälte Knoblauchzehen und das zerkrümelte Lorbeerblatt dazugeben, mit etwas Piri-piri oder Cayennepfeffer würzen und die Tauben goldbraun braten. Mit Weißwein ablöschen und zugedeckt bei geringer Hitze den Wein etwa auf die Hälfte einkochen lassen.*
*Die grünen Bohnen putzen, die Enden abbrechen, die Fäden abziehen, waschen, gut abtropfen lassen und in sprudelnd kochendem Salzwasser bißfest kochen. Die Bohnen vom Feuer nehmen, in einem Sieb abtropfen lassen, bei Bedarf nachsalzen. Olivenöl erhitzen, 1 zerdrückte Knoblauchzehe einlegen und anbräunen. Bohnen hineingeben und im heißen Öl schwenken. Gehackte Petersilie und Semmelmehl darüberstreuen und kräftig durchrühren.*
*Die Bohnen auf eine vorgewärmte Platte geben, die Tauben darauf anrichten, die Sauce getrennt reichen.*

# Pombos à moda de Coimbra

Täubchen nach Art von Coimbra

Columbia livia domestica, die Haustaube, hat wie so manche ihrer geflügelten Verwandten oft nur ein kurzes Leben. Das Fleisch der jungen, etwa fünf bis sechs Wochen alten Tiere ist zart und wohlschmeckend und eignet sich besonders gut zum Braten. Man erkennt die Täubchen am kleinen Kopf, dem dicken Schnabel, den biegsamen Knochen und an der hellen Haut.
Das Fleisch der älteren Tiere ist rot, ihre Füße sind bräunlich-grau, und ihre Haut zeigt einen bläulichen Schimmer. Kocht man sie, so ergeben sie eine gute Brühe, zum Braten sind sie jedoch weniger geeignet.
Bei unserem Rezept mag die Anzahl der Knoblauchzehen überraschen, und schon beim Lesen könnte der Eindruck entstehen, daß der massive Knoblauchduft den feinen Geschmack der Täubchen überdeckt. Das ist jedoch nicht der Fall, nicht einmal dann, wenn man wie portugiesische Hausfrauen für jedes Täubchen drei bis vier Knoblauchzehen verwendet. Das Geheimnis liegt in der Zubereitung. Der in der Schale gebratene Knoblauch speichert seinen durchdringenden Geruch in der Hülle und gibt an die Täubchen nur einen vertretbaren Teil seines Aromas ab.
Wer allerdings die dunkelbraun gebratenen Knoblauchzehen auf den Teller nimmt und das weiche Innere wie eine Delikatesse verspeist, wird merken, daß das würzkräftige Liliengewächs nicht zu Unrecht von den alten Griechen als »stinkende Rose« bezeichnet wurde. Der Liebhaber dieser Knoblauchtäubchen muß daher in Kauf nehmen, daß seine Mitmenschen noch Stunden später bei einer Begegnung mit ihm leicht die Nase rümpfen.

## Batatas bêbadas

Betrunkene Kartoffeln

*600 g Rinderfilet*
*Salz*
*Pfeffer*
*3 EL Olivenöl*
*600 g rote, mehlige oder frühe Kartoffeln*
*Salzwasser*
*50 g Butter*
*60 g Schinken*
*100 ml Rotwein*
*1 Knoblauchzehe*
*1 EL gehackte Kräuter*

*Das Rinderfilet in Würfel schneiden, salzen, pfeffern, 2 EL Öl darübertropfen und 1–2 Stunden ruhen lassen.*
*Die Kartoffeln schälen und in Salzwasser kochen.*
*Restliches Öl und Butter in einer flachen Pfanne aufschäumen lassen, den feingehackten Schinken 1 Minute dünsten, das Fleisch hinzufügen und rundum gut anbraten.*
*Wein und die geschälte Knoblauchzehe in einem Schmortopf erhitzen, das Fleisch und seinen Bratfond dazugeben und bei schwacher Hitze köcheln lassen. Nach 10–15 Minuten, je nach Größe der Fleischwürfel, die halbierten Kartoffeln hinzufügen, mit Salz würzen und kurz weiterkochen.*
*Fleisch mit Sauce und Kartoffeln auf einer vorgewärmten Platte anrichten, mit Kräutern bestreuen und rasch auf den Tisch bringen.*

Um kaum ein anderes Nahrungsmittel ranken sich so viele erfundene Geschichten, so viele Halbwahrheiten und Gerüchte wie um die Kartoffel. Im Grunde genommen weiß man nicht allzuviel über die unansehnliche Knollenpflanze aus der Familie der Nachtschattengewächse, die ihre frühe Entwicklung vor Tausenden von Jahren im Hochland der Anden erfuhr.

War sie den Indios noch göttliche Verehrung wert, so zeigten sich Spanien und Portugal über das Mitbringsel der Konquistadoren eher enttäuscht. Ungesicherten Berichten zufolge gelangten die ersten Kartoffeln 1558 nach Lissabon, doch der erste urkundliche Nachweis über ihre Einfuhr datiert aus dem Jahre 1573 und stammt aus einem Hospital im spanischen Sevilla.

Die *Papa* aus der Neuen Welt machte in Europa aber noch lange nicht Karriere. Viel Zeit verging, ehe in Portugal die Kartoffeln, die vornehmlich in der Flußebene des Rio Sado angebaut wurden, als Beilage zu Klippfisch- und Wild-, zu Schweinefleisch- und Eintopfgerichten unverzichtbar wurden. Heute kommt mit Ausnahme der Reisspeisen kaum eine portugiesische Mahlzeit ohne Kartoffeln aus, wobei bis hin zu den Bataten der Algarve und der Inseln eine große Sortenauswahl besteht. Portugals erdige, »nußsüße« Kartoffeln gelten weithin als besonders schmackhaft. Sie gelangen jedoch wegen des hohen Eigenverbrauchs nicht in den Export, auch die *roxas*, die »roten Kartoffeln«, die im allgemeinen für *Batatas bêbadas* verwendet werden, sind bei uns nicht zu haben. Man ersetzt sie am besten durch frühe oder durch kleine, mehlige Kartoffeln.

## Abóbora frita

Kürbis im Backteig

*800 g Kürbis
150 g Mehl
2 Eier
Salz
1 TL Olivenöl
1/4 l kalte Milch
Olivenöl zum Ausbacken
Salbeiblätter
4 Scheiben Queijo da Serra (Schafmilchkäse) oder Brie*

*Kürbis schälen, die Samen entfernen und einige Stunden in kaltem Wasser einweichen oder kräftig mit Salzwasser besprengen und 3 Stunden ruhen lassen.
Aus Mehl, Eigelben, 1 Prise Salz, 1 TL Öl und der Milch einen Teig zubereiten. Eiweiße zu steifem Schnee schlagen und unter den Teig ziehen.
Kürbis in 1–1 1/2 cm dicke Scheiben schneiden, gut abtupfen, vorsichtig durch den Backteig ziehen und in Olivenöl goldgelb backen.
Die heißen Kürbisscheiben mit Salbeiblättern garnieren und mit Käsescheiben servieren.*

Der *Queijo da Serra*, der hier die gebackenen Kürbisscheiben so ausgezeichnet ergänzt, stammt aus den Gebirgsgegenden in der Mitte Portugals. In den Bauernhöfen der Serra da Estrêla wird der Schafmilchkäse noch weitgehend nach jenen Rezepturen hergestellt, die schon Roms Eroberer in ihren *Villae rusticae*, den ländlichen Herrensitzen, nicht missen wollten.

Sie brachten die Sitte, in ihren Häusern eine eigene Küche für die Zubereitung und einen Lagerraum für die Aufbewahrung von Käse vorzusehen, mit nach Lusitanien, dem späteren Portugal. Zur Herstellung der Milchprodukte nahmen sie bevorzugt Kräuter und Pflanzen. Dabei diente ihnen der Saft der Blütenblätter der wildwachsenden Kardone, einer Verwandten der Artischocke, als Gerinnungsmittel. Dieser pflanzliche Stoff bewirkt, daß das in der Frischmilch enthaltene Eiweiß Kasein dickgelegt wird.

Portugals Bauern übernahmen später die römischen Traditionen, und heute noch wird die Schafmilch durch die zerkleinerten Distelblätter geseiht, die man in Tüchern bereithält.

Der elfenbeinfarbene Queijo da Serra schmeckt, wenn er voll ausgereift ist, intensiv nach den wilden Bergkräutern der Hochalmen und ähnelt dem französischen *Brie*.

## Mousse de limão

Zitronenmousse mit Karamelsauce

*3 Eigelb*
*250 g Zucker*
*2 EL Zitronensaft*
*abgeriebene Schale 1 unbehandelten Zitrone*
*4 Eiweiß*
*30 g Butter*

*Für die Karamelsauce:*
*100 g Zucker*
*4 EL frisch gepreßter Orangensaft*
*1 EL Zitronensaft*
*2 EL Orangenlikör*
*30 g Butter*

*Schale 1/2 unbehandelten Orange zum Garnieren*

*Eigelb cremig aufschlagen und 200 g Zucker nach und nach einrühren. Zitronensaft und abgeriebene Zitronenschale hinzufügen. Eiweiß zu steifem Schnee schlagen und vorsichtig unter die Eigelbmischung heben. Masse auf 4 mit flüssiger Butter ausgestrichene und mit Zucker bestreute Förmchen verteilen und 30 Minuten im Wasserbad garen.*
*Für die Sauce den Zucker schmelzen und leicht karamelisieren. Orangen-, Zitronensaft und Orangenlikör hinzufügen und einkochen lassen, die Butter hinzufügen.*
*Die Orangenschale mit siedendem Wasser übergießen, dann in fadendünne Streifen schneiden und die Zitronenmousse damit garnieren.*

Sei nicht wie das Kamel, das auf seinem Rücken Wasser trägt und dabei verdurstet«, heißt ein arabisches Sprichwort. Die einstigen maurischen Herren Portugals hielten sich an die eigenen Sinnsprüche: Durch Wasserschöpfräder und gut durchdachte Bewässerungsgräben verwandelten sie weite Teile des Landes in eine blühende Gartenlandschaft.

Arabische Bauern bereiteten den Boden auf und pflanzten die ersten Mandel-, Johannisbrot-, Orangen-, Zitronen- und Feigenbäume in Portugal. An der Algarve und auf der Halbinsel von Setúbal wachsen seither die immergrünen Zitronenbäume, die zur gleichen Zeit weiße Blüten und große saftige Früchte tragen.

Leider kannten die portugiesischen Seefahrer die Wirksamkeit des Zitronensaftes gegen Skorbut noch nicht. Sie waren zu früh unterwegs, zu eilig, zu gierig auf Entdeckung und Eroberung, um sich in aller Ruhe Chinas frühe Weisheiten von den Heilerfolgen des Zitronensaftes anzueignen.

So erlagen viele auf den langen Ostasienreisen der Vitamin-C-Mangelkrankheit. Erst als Portugal die Gewürzinseln bereits verloren hatte, erreichte die Nachricht von der wohltuenden Wirkung des sauren Saftes Lissabon. Zu spät kam auch das Büchlein des Weltumseglers James Cook, der im Jahre 1776 einen Bericht über die *Erhaltung der Gesundheit auf langen Seereisen* veröffentlichte und die Zitronen als Medizin gegen Skorbut empfahl.

Heute weiß man längst, wie gesundheitsfördernd die gelben Früchte sind, und in ganz Portugal verwendet man sie reichlich. Dennoch muß man sich mitunter vorsehen. Denn die Schalen vieler Zitrusfrüchte werden mit Diphenyl oder Thiabindazol behandelt, zuweilen auch mit Überzugsmitteln gewachst. Zitronen mit vorbehandelten und daher nicht eßbaren Schalen müssen gekennzeichnet sein. Sie sind für unser Gericht nicht geeignet.

*200 g Zucker*
*8 EL Wasser*
*fein abgeriebene Schale 1/2 unbehandelten Orange*
*12 Eigelb*
*200 g geschälte, geriebene Mandeln*
*200 g Puderzucker*
*60 g Mandelsplitter*
*Konfektpapier*
*kandierte Trauben zum Garnieren*

*Zucker mit Wasser und Orangenschale zu einem dicken Sirup kochen und etwas abkühlen lassen. Eigelb cremig schlagen und löffelweise in den Sirup einrühren. Den Topf in eine große Kasserolle mit kochendem Wasser stellen, die Eimasse im Wasserbad erhitzen – sie darf jedoch nicht kochen – und so lange mit dem Schneebesen schlagen, bis sie eindickt. Vom Feuer nehmen und abkühlen lassen.*
*Die kalte Masse mit den geriebenen Mandeln und dem Puderzucker verkneten. Kleine Kugeln formen, in Mandelsplittern wenden, in Konfekttütchen legen, mit halbierten kandierten Trauben verzieren und im Kühlschrank aufbewahren.*

# Rebuçados de ovos

Konfekt aus Coimbra

Dieses süße Konfekt wurde im spanischen Kastilien als *Yemas de Santa Teresa* erdacht und gelangte mit einer galicischen Adligen nach Coimbra. Inês de Castro begleitete als Hofdame die Braut des Thronfolgers, Costanza von Kastilien, nach Portugal.

Damit begann eine Geschichte um Liebe, Mord und Rache. Inês de Castro wurde die Geliebte des frischvermählten Infanten Pedro. Trotz Verbannung vom Hofe durch den königlichen Vater lebte sie mit dem früh verwitweten Pedro elf glückliche Jahre in einem versteckten Klostergut bei Coimbra. Sie brachte vier Kinder zur Welt, ehe des Königs gedungene Mörder sie erdolchten. Als Pedro auf den Thron folgte, ließ er den Verschwörern, denen er habhaft werden konnte, das Herz aus der Brust reißen.

Doña Inês aber wurde exhumiert, in einer makabren Zeremonie zur Königin gekrönt und im Mosteiro de Santa Maria zu Alcobaça in einen prunkvollen Marmorsarg gelegt. In einem ähnlichen Sarkophag wurde später Pedro beigesetzt. Nach seinem Wunsch stehen sich die Sarkophage gegenüber, »damit man am jüngsten Tag, wenn alle Toten erwachen, einander zuerst in die Augen blicken könnte«.

Hoffentlich hat Inês Pedro bis dahin verziehen, daß er mit einer gewissen Teresa Lourenço noch einen illegitimen Sohn zeugte, der später zum Begründer der Dynastie Avis wurde.

*Für den Teig:*
*300 g Mehl*
*200 g Butter*
*1 Ei*
*1 TL Zitronensaft*

*Für die Füllung:*
*250 g Zucker*
*150 ml Wasser*
*150 g geschälte, gemahlene Mandeln*
*9 Eigelb*
*abgeriebene Schale 1 unbehandelten Orange*

*1 Ei*
*Puderzucker*

*Aus Mehl, kleinen Butterstücken, dem Ei und dem Zitronensaft einen glatten Mürbteig kneten und im Kühlschrank fest werden lassen.*
*Zucker mit dem Wasser zum Kochen bringen und so lange kochen, bis der Zucker Fäden zieht. Den Sirup vom Herd nehmen, die Mandeln, die schaumig geschlagenen Eigelbe sowie die abgeriebene Orangenschale dazugeben und vorsichtig durchrühren.*
*Teig aus dem Kühlschrank nehmen und dünn ausrollen. Kreise mit einem Durchmesser von etwa 12 cm ausstechen, in die Mitte des Teiges 1 TL Füllung geben und den Teig darüber zusammenschlagen, so daß halbmondförmige Teigtaschen entstehen. Die Ränder mit den Fingern zusammendrücken, die Teigtaschen auf ein gebuttertes Backblech legen, mit Ei bepinseln, mit etwas Puderzucker bestreuen und im vorgeheizten Backofen goldbraun backen.*

# Pastéis de Santa Clara

Teigtaschen Santa Clara

Diese süßen Teigtaschen oder Pastetchen stammen angeblich aus dem Convento de Santa Clara-a-Velha von Coimbra, das aufgegeben werden mußte, weil es nach und nach in den Frühlingshochwassern des Rio Mondego ertrank.
Eine Legende erzählt, sie seien die Lieblingsmehlspeise von Isabel, der deutschstämmigen Gattin des Königs Dinis und Nationalheiligen Portugals, gewesen. Vielleicht war es so. Das Edelfräulein war erst elf Jahre alt, als es mit dem rund zehn Jahre älteren Dinis verheiratet wurde, ein Kind noch, das allzu rasch erwachsen werden mußte. Weshalb sollte es nicht gerne süße *Pastéis* genascht haben?
Wahrscheinlicher ist jedoch, daß die Mauren, die das Zuckerrohr und die Mandeln nach Portugal brachten, auch dieses Rezept aus ihrer Heimat in Coimbra populär machten. Sie bereiteten die Füllung allerdings nur mit Mandeln und Honig zu und aromatisierten sie mit Rosenwasser.
Die vielen Eigelbe mögen jedoch tatsächlich eine klösterliche Zutat gewesen sein. Hier wurden aus Eiweiß zahllose Hostien für die frommen Portugiesen gebacken, und um auch die Eigelbe verwenden zu können, ersannen die Nonnen all die *Doces de ovos*, die so köstlich schmecken, aber der Gesundheit nicht immer zuträglich sind.

# Estremadura und Ribatejo

Das Meer schimmert silbrig und peitscht im Herbst und Winter, wenn die schweren Stürme kommen, drohend und böse die Uferfelsen. Agaven blühen, um gleich nach der Fruchtreife abzusterben. Windmühlen knarren, hoch über dem Meer haben sie ihre vier weißen Segel aufgespannt. Die Küsten der Estremadura, der südliche Teil der Costa de Prata, die Costa do Estoril und die Costa da Caparica, sind die westlichsten Ränder des europäischen Kontinents.

Abrupt endet das Land und ertrinkt im endlos scheinenden Atlantik. Noch immer ist an den Küsten jener Geist der Fischer und Abenteurer lebendig, der Portugals Fangflotten nach Neufundland und seine Karavellen über die Weltmeere getragen hat.

In der Estremadura und in der Hauptstadt Lissabon wurden die großen Entdeckerträume geträumt, in die Tat umgesetzt, und hier wurden die Schätze aus fernen Kontinenten, die exotischen Gewürze und die Wurzeln überseeischer Gemüse und Früchte aus Afrika und Amerika an Land gebracht.

Nach wie vor spielen in der Estremadura jedoch Fische und Meeresfrüchte eine Hauptrolle in der Küche. Überall gibt es *Caldeiradas*, Fischsuppen, die aus den auf der *Lota*, der Auktion, versteigerten Fängen zusammengestellt werden.

In Peniche liebt man Sardinen, Makrelen, Schwert- und Tintenfische, vor allem aber herrliche Meeresfrüchte, wie *Lagosta suada*, die gedünstete Languste, *Camarões piri-piri*, Krabben in Piri-piri-Sauce, *Açorda de mariscos*, Meeresfrüchtesuppe, und *Arroz de camarões*, Krabbenreis.

Aale und Muscheln kommen aus der Lagoa de Óbidos, in Nazaré und Ericeira bringen die Fischer Makrelen, Merlane, Seebarben, Seebarsche, Tintenfische, Seeaale und Seeigel ein.

Die Hauptstadt Lissabon, auf vielen Hügeln erbaut, vom Tejo gerahmt wie ein schönes Bild, ist meerwärts ausgerichtet und atlantikbezogen, ein Kontrapunkt zu den kontinentalen Metropolen, fast eine Insel. Die westlichste Kapitale des europäischen Festlands, halb abgewandt, an der Peripherie, ist eine eigenwillige, unverwechselbare Stadt. Eigenwillig ist auch ihre Küche, die man am typischsten in den *Tascas*, den vielen kleinen Eßkneipen, genießen kann.

Hochwertige Fischsorten und Krustentiere kommen in die *Caldeiradas* und in die Langustencremesuppen, die Tintenfische, *Lulas*, werden mit Knoblauch, die Thunfische, *Atum*, mit Curry, die Miesmuscheln, *Mexilhões*, mit Piri-piri gewürzt.

Auf den Speisekarten stehen neben dem allgegenwärtigen *Bacalhau* viele Zickleingerichte, Schweinefleisch, oft in Wein mariniert, Wildschweinfilets, Kaninchen und phantasievoll zubereitetes Geflügel. Man kocht *Bifes*, Beefsteaks, in vielen Variationen, *Vitela assada*, gebratenes Kalbfleisch, als Spezialität *Iscas*, marinierte Leber, reiche Gemüsetöpfe und tausenderlei Süßspeisen.

Landeinwärts geht der Küstensaum der Estremadura mit den weißen Dörfern in die schattige Kühle eines grünen Hügellandes über, dessen Ketten sich zumeist *Serra*, Gebirge, nennen, aber nicht über siebenhundert Meter ansteigen. Gemüseäcker wechseln mit Rebhügeln, Olivenhaine mit Reisfeldern.

So ist die Küche der meerfernen Estremadura eher bodenständig und kleinstädtisch. Hier brachte sie Eintöpfe mit Fleisch, Würsten und Bohnen wie *Cozido à portuguesa*, *Feijoada à portuguesa* und *Favada* hervor, hier bereitet man *Sarrabulho*, Schweinebauch mit Schweineblut, *Coelho à caçadora*, Hase mit Schinken und Rotwein, und *Frango na púcara*, Hähnchen im Tonkrug, zu. Berühmt sind die Süßspeisenrezepte aus dem Kloster von Alcobaça, die *Queijadas de Sintra*, kleine Käsekuchen, die vielen *Pastéis* genannten Törtchen und die Rezepte für den traditionellen Biskuitkuchen *Pão-de-ló*.

Zu allen Tafelgenüssen reicht man bevorzugt einen guten Tropfen aus der Estremadura: einen tiefroten *Colares*, der im Dünensand an der Atlantikküste bei Sintra angebaut wird, einen frischen weißen *Bucelas* oder einen der schweren, süßen Weine von Carcavelos und Setúbal.

Ribatejo ist, wie der Name schon andeutet, eine vom Rio Tejo beherrschte Region. In den Schwemmlandebenen wogen Getreidefelder, dirigieren *Campinos*, Hirten in malerischer Tracht, vom Pferderücken aus die Herden, werden wilde Kampfstiere aufgezogen. Die trockenen, hügeligen Zonen im Norden sind dicht besiedelt, hier gedeihen Weizen, Hafer, Oliven, Wein, Feigen und Zitrusfrüchte. Im Süden dagegen wird alles großflächig, Latifundien und Monokultur herrschen vor, das Silber der Olivenhaine geht in das Grün der Korkeichenwälder über.

Die Küche des Ribatejo ist reich an bodenständigen Rezepten. Man kocht dicke Suppen mit Fischen aus dem Fluß, man brät Aale, *Enguias*, in eisernen Pfannen und würzt die *Açorda de sável*, die sämige Brotsuppe aus Alsen, mit Koriander.

*Pombos estufados*, gefüllte Tauben, werden mit Erbsen zubereitet, Hähnchen, *Frangos*, bekommen eine Wurstfülle, dicke Bohnen, *Favas guisadas*, übergießt man mit Sahne, und der Knoblauchreis, *Arroz de alhos*, ist nichts für empfindsame Nasen.

Unter den Süßspeisen ragen die *Fatias de Tomar*, Brotscheiben in gezuckertem Ei, der *Bolo de mel*, ein Honigkuchen mit ordentlich viel Zimt, und die berühmten *Fios de ovos*, die Eierfäden, heraus. Die kräftigen Weine des Ribatejo stammen überwiegend aus der Gegend um Cartaxo, das unweit der Bezirkshauptstadt Santarém liegt.

## Salada rica Cabo da Roca

Meeresfrüchtesalat Cabo da Roca

*Für den Sud:*
*1 l Wasser, 1/4 l Weißwein*
*1 feingeschnittene Zwiebel*
*100 g Lauch, in dünne Ringe geschnitten*
*1 TL Zitronensaft, Salz, Kümmel*
*1 Thymianzweig, 1 Lorbeerblatt*

*1 Languste, 24 Miesmuscheln*
*24 tiefgefrorene Langustinenschwänze*
*250 g tiefgefrorene Garnelen*
*2 EL Zitronensaft, 2 cl Kognak*
*Salz, Pfeffer (Mühle)*
*200 g gekochte Hühnerbrust*
*1/2 Kantalupe-Melone, 1 geschälte Tomate*
*4 Salatherzen, 3 EL Weinessig*
*5 EL Olivenöl, 2 hartgekochte Eier*

*Aus den angegebenen Zutaten einen Sud kochen. Die lebende Languste waschen, in den kochenden Sud einlegen, 20–25 Minuten garen, im Sud erkalten lassen, herausnehmen und gut abtupfen.*
*Die Languste aufbrechen, den Darm entfernen, das Schwanzfleisch in Medaillons schneiden und das restliche Fleisch aus dem Körper und den Beinen lösen und kleinschneiden.*
*Muscheln waschen, putzen, in den Sud geben, dämpfen, bis sie sich öffnen, herausnehmen und ausschälen.*
*Langustinenschwänze und Garnelen langsam im Kühlschrank auftauen und gut mit Küchenkrepp abtupfen. Alle Meeresfrüchte in Scheibchen schneiden und in eine Marinade aus Zitronensaft, Kognak, Salz und Pfeffer einlegen.*
*Das Hühnerfleisch in Streifen schneiden. Aus der Melone Kugeln ausstechen. Die Tomate in kleine Würfel schneiden. Die Salatherzen waschen, gut trocknen und zerpflücken.*
*Essig mit Salz und Pfeffer verrühren, nach und nach das Olivenöl zugeben.*
*Die Salatblätter dekorativ auf 4 Tellern auslegen, das gut abgetropfte Fleisch der Meeresfrüchte, die Hühnerstreifen, die Melonenkugeln und die Tomatenwürfel sanft vermischen, auf den Tellern verteilen und mit der Marinade beträufeln. Den Meeresfrüchtesalat mit Eischeiben garniert servieren.*

Der Cabo da Roca, Kontinentaleuropas westlichster Punkt, galt lange Zeit als das Ende der Welt. Fast 150 Meter tief fallen hier die Felsen senkrecht ins Meer ab, und die Besucher sitzen andächtig auf niedrigen Steinmauern und blicken nach Westen: Weit drüben ist Amerika. Das Meer, das unter häufig tiefhängenden Wolken grau und trübe aussieht, gewährt all die herrlichen Zutaten, die diese *Salada rica* in der Estremadura so delikat machen.
Für alle Landratten gibt es jedoch einen Trost: Man kann auf tiefgefrorene Langusten, Langustinenschwänze und Garnelen zurückgreifen. Selbst Muscheln lassen sich durch konservierte Ware ersetzen. So vorteilhaft dieses Angebot auch sein mag, letztlich bleibt es im wahrsten Sinne des Wortes doch nur »Ersatz«: Der Geschmack frisch gekochter Meeresfrüchte läßt sich nicht herbeizaubern, er ist unverwechselbar.

## Camarões à moda de Peniche

Spaghetti mit Garnelensauce

*2 EL Olivenöl*
*1 Schalotte*
*2 Knoblauchzehen*
*2 geschälte Tomaten*
*500 g kleine Garnelen, küchenfertig vorbereitet*
*1/8 l Weißwein*
*3-4 EL Wasser*
*Salz*
*Pfeffer*
*Piri-piri oder Cayennepfeffer*
*400 g Spaghetti*
*80 g Butter*
*frische Minzblätter*

*Olivenöl erhitzen, die kleingewürfelte Schalotte und die geschälten, kleingehackten Knoblauchzehen hinzufügen und goldgelb braten. Die Tomaten kleinwürfeln, hinzufügen und einige Minuten dünsten. Die vorbereiteten Garnelen einlegen, kurz schmoren, Weißwein und Wasser angießen und köcheln lassen, bis der Sud eingedickt ist. Mit Salz, Pfeffer und Piri-piri oder Cayennepfeffer würzen.*
*Spaghetti in Salzwasser al dente kochen, auf ein Sieb gießen, abtropfen lassen, auf vorgewärmten Tellern anrichten, einige Butterflöckchen darauf setzen und die Garnelensauce darübergießen. Mit Minzblättern garnieren und rasch servieren.*

Teigwaren sind in der portugiesischen Küche eher selten zu finden. Dabei fehlte es im Laufe der Geschichte nicht an Versuchen, die Nudeln zwischen Minho und Algarve populär zu machen. Bereits die Araber brachten luftgetrocknete Pasta nach *Al Oschbuna*, wie Lissabon hieß, als die Fahne des Propheten vierhundert Jahre lang von den Zinnen der Festung wehte, und durch die ehemalige portugiesische Überseeprovinz Macau gelangten chinesische Nudelrezepte in das ferne Mutterland.
Aber die Portugiesen blieben standhaft bei Reis, Mais und Kartoffeln. Nudeln paßten nicht in ihr Kochrepertoire, sie beachteten sie kaum. Erst in den letzten Jahren entdeckte man im Küstenland, wie gut Teigwaren mit Meeresfrüchten harmonieren.
Wenn am frühen Morgen die *Traineiras*, die in leuchtenden Farben bemalten, von einem Dieselmotor getriebenen traditionellen Holzboote, an den Kais von Peniche festmachen, die Fischer ihre prallen Plastiknetze an Land werfen und ihre Frauen den Fang sortieren, ehe er zur *Lota*, der Auktion, gebracht und verkauft wird, sind die Zutaten für eine delikate Spaghettisauce rasch gefunden. Hier kann man aus dem vollen schöpfen. Es müssen nicht immer Garnelen sein, man kann auch Sand-, Mies-, Venus- oder Herzmuscheln, Kaisergranate, große Shrimps und kleine Langusten für die leckere Pastatunke verwenden.
Wer in küstenfernen Gebieten lebt, muß sich dagegen mit einem weit geringeren Angebot begnügen. Unser Rezept kommt jedoch den Möglichkeiten entgegen: Fast überall sind tiefgefrorene Garnelen zu bekommen, die sich für dieses Gericht ebenfalls sehr gut eignen.

*800 g Tintenfische*

*Für die Füllung:*
*1 dicke Scheibe roher Schinken*
*100 g Knoblauchwurst*
*2 EL Öl, 1 kleine Zwiebel*
*1 Knoblauchzehe*
*1 Bund Petersilie, 1 Eigelb*
*2 entrindete Weißbrotscheiben*
*1 Ei, Salz, Pfeffer*

*4 EL Olivenöl*
*1 Schalotte*
*4 geschälte Tomaten, 1 Lorbeerblatt*
*Salz, Pfeffer*
*4 EL Weißwein bei Bedarf*

*Die Tintenfische säubern, gut waschen, die Oberseite vorsichtig öffnen und den Tintenbeutel entfernen, ohne ihn zu verletzen. Nochmals waschen, gut abtrocknen, die Fangarme abschneiden und kleinhacken. Schinken und Knoblauchwurst ebenfalls mit dem Wiegemesser fein schneiden.*
*Öl erhitzen, die kleingeschnittene Zwiebel und die zerdrückte Knoblauchzehe glasig rösten, die Fangarme des Tintenfischs, Schinken und die Wurst dazugeben und kurz anbraten, zur Seite stellen, abkühlen lassen und mit gehackter Petersilie vermischen.*
*Eigelb über die entrindeten Brotscheiben verteilen, kurz einziehen lassen, die Brotscheiben mit einer Gabel zerdrücken und mit dem Ei in die Füllmasse rühren. Mit Salz und Pfeffer abschmecken und die Masse nicht zu prall in den Körper der Tintenfische füllen. Öffnung mit Holzspießchen verschließen.*
*Olivenöl in einer feuerfesten Form erhitzen, die kleingeschnittene Schalotte goldbraun braten. Tintenfische, gewürfelte Tomaten und Lorbeerblatt einlegen, mit Salz und Pfeffer würzen und bei geringer Hitze im geschlossenen Topf köcheln lassen, bis die Tintenfische gar sind. Bei Bedarf Weißwein angießen, damit die Fische ständig von Sauce bedeckt sind.*

# Lulas recheadas

Gefüllte Tintenfische

In den *Fado-Lokalen* der Lissabonner Viertel Bairro Alto und Alfama offenbart sich der Geist des Volkes. Hier singen berühmte, dunkelgekleidete *Fadistas* bei Kerzenschein ihre traurigen, sehnsuchtsvollen Lieder. Weisen von Fischern, die weit über das Meer ziehen, und von Frauen, die allein an Land zurückbleiben. Es sind zur Gitarre gesungene, lyrische Texte, alle von *Saudade* erfüllt, jener Stimmung, die man im Deutschen nur unvollkommen mit Sehnsucht, Schwermut, Liebeskummer oder Weltschmerz wiedergeben kann.

Ehe große Fadistas wie Maria Severa und Amalia Rodriguez ihre traurigen Weisen in Lokalen sangen, waren sie die Lieder der unsteten Wanderer. Tagediebe gaben sie zum besten, Messerstecher, Taugenichtse. Sie trugen Fados in Hafenspelunken und Bordellen vor, und die Sänger identifizierten sich mit den unglücklichen Opfern. Ihre Welt war ein Meer von Leid.

»Geschmack von Bitterkeit« nannte Portugals Romantiker Almeida Garrett die Fado-Stimmung und einen »köstlichen Schmerz von scharfen Dornen«. Selbst intellektuell und rational denkende Portugiesen verfallen noch heute der schwermütigen Atmosphäre in den Fado-Lokalen und lassen zum Kummer des *Chefe de cozinha*, des Küchenchefs, ihr Essen kalt werden.

Fast schäme ich mich zuzugeben, daß ich das Essen genoß, daß mir die *Lulas recheadas* in einem berühmten Fado-Lokal so gut schmeckten, daß ich dem Koch in der Küche über die Schulter sah, um seine Zubereitungsgeheimnisse zu ergründen.

*600 g Kabeljau*
*2 EL trockener Portwein*
*1 EL Zitronensaft*
*einige frische Minzblätter*
*Pfeffer (Mühle)*

*Für den Backteig:*
*140 g Mehl*
*1/8 l Weißwein*
*2 EL Öl*
*2 Eier*
*Salz*

*Öl zum Fritieren*

*Kabeljau sehr kalt in Würfel schneiden und in eine flache Schüssel legen. Mit Portwein und Zitronensaft beträufeln, frische Minzblätter dazwischenlegen, etwas Pfeffer darüberstreuen, zudecken und 1/2 Stunde marinieren.*
*Mehl, Wein, Öl, Eigelbe und Salz zu einem glatten Teig verrühren und etwas ruhen lassen. Eiweiße zu steifem Schnee schlagen und vorsichtig unter den Backteig ziehen.*
*Fritieröl erhitzen, die marinierten Fischwürfel mit Haushaltspapier trockentupfen, durch den Ausbackteig ziehen und im Öl fritieren.*
*Fischbällchen frisch aus der Pfanne zu einem Kopfsalat servieren.*

# Pataniscas de bacalhau fresco

Fischbällchen aus Kabeljau

Es muß nicht immer Klipp- oder Stockfisch sein, durch funktionierende Kühlketten hat sich inzwischen auch tiefgefrorener Kabeljau, *Bacalhau fresco*, seinen Platz in der portugiesischen Küche erobert. Die Zubereitung der knusprigen Bällchen mit der feinen Portweinwürze ist sehr einfach. Für ein optimales Gelingen sind jedoch Sorgfalt und Fingerspitzengefühl erforderlich. Das beginnt schon bei der Auswahl des Fischs. Am besten eignet sich tiefgefrorener Kabeljau, den man so weit auftauen läßt, daß er zwar noch sehr kalt ist, aber bereits zerkleinert werden kann. Es ist dabei gleichgültig, ob man mit einem scharfen Messer Würfel schneidet oder mit einem geeigneten Gerät Kugeln aussticht.
Reicht man die Fischbällchen als kleines Vor- oder Partygericht, kann man sie mit verschiedenen Dips anbieten. Als selbständiges Gericht werden sie immer von Salaten begleitet.
Hier sollte man besonders darauf achten, daß die Zutaten knackig frisch sind und nicht nur gut schmecken, sondern auch durch ihre Farbharmonie das Auge erfreuen.

*4 Seeteufelscheiben (je 250–300 g)*
*2 EL Olivenöl*
*1 Zwiebel*
*1 Knoblauchzehe*
*2 Lorbeerblätter*
*Salz*
*Pfeffer*
*1 Messerspitze Piri-piri oder Cayennepfeffer*
*400 g geschälte Tomaten*
*2 EL gehackte Petersilie*
*50 g Butter*
*150 ml Weißwein*

# Tamboril no forno

Seeteufel im Ofen

Die Seeteufelscheiben leicht flach klopfen. Öl in einer feuerfesten Form erhitzen, die feingehackte Zwiebel und die feingehackte Knoblauchzehe anbraten. Lorbeerblätter einlegen, die Fischscheiben darübergeben und mit Salz, Pfeffer und Piri-piri oder Cayennepfeffer würzen.
Die gewürfelten Tomaten darüberschichten, mit 1 EL Petersilie bestreuen und einige Butterflöckchen darauf verteilen. Kurz in den Backofen stellen, bis die Butterflöckchen geschmolzen sind. Weißwein angießen und das Gericht zugedeckt im Backofen fertiggaren.
Seeteufelscheiben auf einer vorgewärmten Platte anrichten, Tomatensauce etwas einkochen lassen und über den Fisch gießen. Die restliche Petersilie aufstreuen und servieren.

Der Seeteufel, lateinisch *Lophius piscatorius*, portugiesisch *Tamboril*, könnte mit Leichtigkeit den Preis für den häßlichsten Speisefisch gewinnen. Auf seinem gedrungenen, schuppenlosen Körper sitzt ein breiter Plattkopf mit einem riesigen Maul, voll von kräftigen, gekrümmten Zähnen.
Als Raubfisch lauert der Seeteufel im Dunkel des Meeresgrundes aller europäischen Meere auf seine Beute: Fische von beachtlicher Größe, selbst kleine Haie, stehen auf seinem Speisezettel und bereiten seinen Zähnen nur wenige Schwierigkeiten.
Der fettarme Fisch mit dem festen weißen Fleisch galt einst als »Hummer des armen Mannes« und geriet erst in jüngerer Zeit auf die Speisekarten der Feinschmecker. Bevor sie ihn entdeckten, wurde er auf den Märkten, wo man ihn in seiner ganzen Häßlichkeit bestaunen kann, wegen seines feinen Fleisches vorwiegend für Fischsuppen angeboten. In den internationalen Handel kommt er nun bereits ohne Kopf und Haut, um die potentiellen Konsumenten nicht abzuschrecken.
Unser Rezept stammt aus dem Fischerstädtchen Sesimbra, das sich reizvoll an die felsige Steilküste am Südabhang der Serra da Arrábida schmiegt. Leider ist die einstmals malerische Ortschaft heute fest in der Hand des modernen Tourismus.
Aber die Rückkehr der hochbugigen Fischerboote zu erwarten und beim Ausladen der Fänge dabeizusein hat bis heute nichts von seinem Reiz eingebüßt. Oft sieht man dabei zwischen allerlei ansehnlichem Meeresgetier den Kopf eines Seeteufels wie eine höllische Fratze hervorlugen. Sympathie wird sich erst einstellen, wenn er, delikat zubereitet, auf dem Teller liegt.

## Filés de linguado à moda de Setúbal

Seezungenfilets nach Art von Setúbal

*8 Seezungenfilets*
*1/8 l trockener Weißwein*
*Wasser*
*Salz*
*3 Pfefferkörner*
*1 TL Zitronensaft*
*100 g Gemüse, in schmale Streifen geschnitten*

*24 Austern*
*1/8 l Sahne*
*100 g Butter*
*Pfeffer*
*Piri-piri oder Cayennepfeffer*
*1 EL Zitronensaft*
*Salz*

*Die Seezungenfilets in eine große, flache, feuerfeste Form einlegen. Weißwein, etwas Wasser, Salz, Pfeffer, Zitronensaft und das feingeschnittene Gemüse zugeben und bei mäßiger Hitze in den Backofen stellen, mit Alufolie oder geöltem Papier bedecken und 5–10 Minuten ziehen lassen. Die Filets herausnehmen und warm stellen, den Kochsud durch ein feines Sieb in eine Kasserolle gießen.*
*Die Austern öffnen, das Austernwasser durch ein Tuch in den Kochsud gießen und stark einkochen lassen. Sahne angießen und die Flüssigkeit köcheln lassen, bis sie auf die Hälfte reduziert ist. Die Austern entbarten, in 2–3 Stücke schneiden, in die Sauce geben, kurz köcheln lassen, die kalte Butter einrühren und die Sauce mit Pfeffer, Piri-piri oder Cayennepfeffer, Zitronensaft und wenig Salz abschmecken. Die Seezungenfilets nach Art von Setúbal mit der Austernsauce umgießen und auf vorgewärmten Tellern servieren.*

An der Costa Azul südlich von Lissabon saßen schon die Menschen der Steinzeit in der Sonne und aßen Herzmuscheln, wie aus aufgefundenen *Concheiros*, Muschelhaufen, hervorgeht. Das fischreiche Meer vor der Mündung des Rio Sado zog viele magisch an, auch Römer und Araber. In Setúbal, Portugals drittgrößter Hafenstadt, wimmelt es heute noch von Fischerbooten mit Schleppnetzen, Hochseekuttern und *Meias lulas* genannten Booten, deren Fänge die Konservenfabriken und Märkte mit frischer Ware versorgen.

Aus Setúbal kommen auch besonders schmackhafte Austern. Da die Portugiesen die Meeresfrüchte jedoch so gut wie ausschließlich gekocht essen, ist der Verbrauch im Land minimal, und die Austerngärtner exportieren vorwiegend schon die Saataustern, die sie in den Bassins östlich der Stadt züchten. Etwa 5 000 Tonnen im Jahr gehen allein nach Frankreich, und nur ein Zehntel der Ernte verbleibt in Setúbal.

Hier haben findige Köche jedoch dieses dem Geschmack der Portugiesen angepaßte Rezept kreiert. Für die feinen, vor der Küste Portugals gefangenen Seezungen ist die Austernsauce eine prächtige Ergänzung. Man kann sie auch zu anderen Fischen mit zartem, nicht aufdringlichen Geschmack reichen.

## Lagosta suada à moda de Peniche

Languste nach Art von Peniche

*2 Langusten (je 500–700 g)*
*Salz*
*Pfeffer (Mühle)*
*80 g Butter*
*1 Schalotte*
*1 EL gehackte Petersilie*
*6 EL Olivenöl*
*100 ml Weißwein*
*8 cl trockener Portwein*
*1 TL Zitronensaft*
*Piri-piri oder Cayennepfeffer*

*Lebende Langusten säubern und mit dem Kopf voran in reichlich kochendes Salzwasser geben, um sie zu töten. 2–3 Minuten kochen lassen, herausnehmen, Kopf und Schwanz mit einem scharfen Messer der Länge nach halbieren und die Langusten an den Gelenken in große Stücke schneiden. Die cremigen Teile auslösen und zur Seite legen.*
*Die in Stücke geteilten Langusten leicht salzen, mit Pfeffer aus der Mühle bestreuen und in eine mit Butter ausgepinselte feuerfeste Form legen. Die kleingehackte Schalotte und die Petersilie über die Langusten streuen, Olivenöl darüber verteilen, Weißwein und Portwein angießen, den Deckel schließen und die Langusten zugedeckt bei geringer Hitze unter häufigem Rütteln köcheln lassen.*
*Nach etwa 50 Minuten sind die Langusten gar, man schmeckt sie mit Zitronensaft und etwas Piri-piri oder Cayennepfeffer ab und serviert sie in der Form.*

Aus der Hafenstadt Peniche und dem Fischerdorf Ericeira über der felsigen, von malerischen Grotten durchsetzten Steilküste stammen die delikatesten Langustenrezepte des Landes. Die *Lagosta suada* ist eines der besten, denn die im zugedeckten Topf mit Port- und Weißwein sehr langsam schmorenden Langusten nehmen ein herrliches Aroma an.
In Peniche kennt man noch eine weitere Zubereitung der Lagosta suada, die stark an den bretonischen *Homard à l'armoricaine* erinnert. Das portugiesische Rezept unterscheidet sich jedoch durch die größere Menge der mitgeschmorten Tomaten und die anstelle des Cognacs verwendeten Alkoholika *Aguardente velha* und Portwein. Der berühmte Wein aus Porto ist landauf, landab für viele Langustengerichte ohnehin obligatorisch.
Langusten haben keine Scheren wie der Hummer, sondern ein langes Fühlerpaar, aber sie stecken ebenso wie ihre Vettern in einem Panzer und machen es den Feinschmeckern nicht immer leicht, an ihr delikates Fleisch zu gelangen.
Bei unserer Spezialität aus Peniche ist das jedoch kein Problem: Die Langusten werden bereits bei der Zubereitung der Länge nach halbiert, so daß man lediglich noch das Schwanzende aus der Schale lösen muß.

## Pescada assada à lisboeta

Gebratener Seehecht nach der Art von Lissabon

*4 Seehechtscheiben*
*Salz*
*1 EL Mehl*
*30 g Butter*
*5 EL Olivenöl*
*2 Schalotten*
*2 Knoblauchzehen*
*4 große, reife Tomaten, geschält*
*je 4 grüne und schwarze Oliven, entkernt*
*2 Sardellenfilets*
*2 Lorbeerblätter*
*Thymian*
*Basilikum*
*Pfeffer (Mühle)*
*1/2 Glas trockener Weißwein*
*1 EL Butter für die Form*

*Die Fischscheiben mit Salz einreiben, in wenig Mehl wenden und in einer Mischung aus Butter und 3 EL Olivenöl goldbraun braten, aus der Pfanne heben und beiseite stellen.*
*2 EL Olivenöl erhitzen, die kleingeschnittenen Schalotten und die gehackten Knoblauchzehen glasig braten, die gehäuteten und entkernten Tomaten, die Oliven, die gehackten Sardellenfilets und die Lorbeerblätter dazugeben, mit Thymian, Basilikum, Salz und Pfeffer aus der Mühle würzen, Wein angießen und auf kleiner Flamme köcheln lassen, bis eine dicke Sauce entsteht.*
*Die Seehechtscheiben in eine mit Butter ausgestrichene Tonkasserolle legen, die Tomatensauce darüber verteilen und im vorgeheizten Backofen zugedeckt etwa 20 Minuten backen.*

Mit Leidenschaft fangen portugiesische Fischer den schlanken, langgestreckten Seehecht, der in angemessener Anzahl vor ihren Küsten schwimmt. Sie sehen ihn am liebsten bei der *Lota*, der Fischauktion, adrett in Kisten sortiert, oder im Kochtopf, denn der bis zu einem Meter lange und bis zu zehn Kilogramm schwere Seehecht ist ein äußerst gefräßiger Räuber.
Mit seinen kräftigen Zähnen in einer weiten Mundöffnung verschmaust er Unmengen der Fische, die auch Portugiesen schätzen, vor allem Makrelen und Sardinen. Diese Nahrung bekommt ihm allerdings, sein Fleisch ist weich und hat einen delikaten, aromatischen Geschmack.
Portugals Hausfrauen haben längst entdeckt, daß man Seehecht, ähnlich wie *Bacalhau*, auf die verschiedensten Arten zubereiten kann. Man findet ihn als *Pescada à poveira*, mit Kartoffeln, harten Eiern und Sprossen zubereitet, als *Pescada à alentejana* in einer grünen Pfeffersauce, als *Pescada grelhada*, auf dem Holzkohlengrill gebraten, als *Pescada no forno*, gut gewürzt und mit Paniermehl bestreut im Ofen gebacken, oder als *Pescada com batatas a murro*, mit den sogenannten »Faustschlagkartoffeln«. Das sind kleine, runde Kartoffeln, die mitsamt der Schale auf einem Blech im Backofen gebraten werden. Sobald ihre Schale platzt, versetzt man ihnen einen Schlag. In die dadurch entstehende Öffnung gießt man mit Knoblauch erhitztes Olivenöl und streut gehackte Petersilie darüber.
In unseren Breitengraden ist der Seehecht vorwiegend in Form von tiefgefrorenen Filets erhältlich, so daß sich unser Rezept leicht nachkochen läßt.

*600 g Kalbsfilet in 8 dünnen Scheiben*
*8 Scheiben gekochter Schinken*
*3 entrindete Weißbrotscheiben*
*etwas Milch*
*30 g Pinienkerne*
*3 EL Sultaninen*
*40 g geriebener Hartkäse*
*1 EL gehackte Minzblätter*
*Salz*
*Pfeffer*
*3 EL Olivenöl*
*100 ml trockener Weißwein*
*frische Minze zum Garnieren*
*30 g frische Butter*

*Die Fleischscheiben leicht klopfen, dann mit jeweils 1 Schinkenscheibe belegen. Das entrindete Weißbrot in Milch weichen, ausdrücken und mit Pinienkernen, Sultaninen, geriebenem Käse und den kleingehackten Minzblättern zu einer Paste verrühren. Mit Salz und Pfeffer würzen, die Paste auf den Schinkenscheiben verteilen, die Fleischscheiben einrollen und mit Spießchen zustecken.*
*Das Olivenöl in einer flachen, feuerfesten Pfanne erhitzen, die Fleischröllchen einlegen, goldbraun anbraten, Wein angießen und bei schwacher Hitze zugedeckt weich dünsten.*
*Kalbfleischröllchen auf einer vorgewärmten Platte anrichten und mit frischer Minze garnieren. Den Bratensaft zu einer sämigen Konsistenz einkochen, frische Butter einrühren und die Röllchen damit umgießen.*

# Vitela enrolada

Gefüllte Kalbfleischröllchen

Kreiert wurde dieses delikate Gericht von einem Wiener Tanzmädchen, das einst nach Portugal kam und dort eine wahrhaft märchenhafte Karriere machte. Doch erzählen wir der Reihe nach.
Von Sintra aus schlängelt sich eine steile Straße zum Palácio da Pena. Eichen, Pinien, Eukalyptus und Zedern bilden ein Schattendach, im Unterholz blüht Jasmin. Die Landschaft ist wie ein Park, aus dem der Schloßbau wie eine sagenhafte Ritterburg mit Türmchen und Zinnen, mit Kuppeln und Erkern herausragt.
Ferdinand von Sachsen-Coburg-Saalfeld, mit Portugals Königin Maria II. da Glória verheiratet, ließ den kuriosen Palast im Mischstil einer Jahrtausendarchitektur errichten. Mit gefühlvoll-deutscher Ritterseligkeit ahnte er Neuschwanstein voraus, und letzten Endes gingen auch seine romantischen Burgspiele in Erfüllung. Die strenge Königin starb, Ferdinand holte sich als Witwer ein süßes Wiener Mädel, eine Ballett-tänzerin und Diseuse, nach Sintra. Schon lag das Gerücht einer morganatischen Heirat in der Luft, aber auf geheimnisvollen Wegen wurde über Nacht aus der feschen Wienerin, die ein Faible für die Küche und feine Rezepte hatte, eine respektable Gräfin Edla, und so endete die Geschichte wie im Märchen: Sie heirateten und lebten in der romantischen Ritterburg glücklich bis ans Ende ihrer Tage.

*8 dünne Rinderfiletscheiben*
*Salz*
*Pfeffer*
*2 EL Öl*
*40 g Butter*
*3 Schalotten oder Saucenzwiebeln*
*2 Knoblauchzehen*
*150 g Schinken*
*4 geschälte Tomaten*
*1 Lorbeerblatt*
*2 EL Weißwein*

# Bifes de cebolada

Rinderfilet mit Zwiebel-Tomaten-Sauce

*Rinderfiletscheiben salzen, pfeffern, in heißem Öl rasch braten, herausnehmen und warm stellen.*
*Die Butter erhitzen, die feingeschnittenen Zwiebeln und die gehackten Knoblauchzehen glasig dünsten, den in schmale Streifen geschnittenen Schinken einlegen und kurz durchrösten, die kleingewürfelten Tomaten dazugeben, das Lorbeerblatt einlegen, mit Salz und Pfeffer würzen und auf kleiner Flamme köcheln lassen. Weißwein angießen und bis zur gewünschten Konsistenz einkochen.*
*Die Rinderfiletscheiben mit der Zwiebelsauce umgießen und auf vorgewärmten Tellern servieren.*

Schade, daß man einen Wein nicht streicheln kann«, sagte Kurt Tucholsky einmal. »Schade, daß man eine Sauce nicht streicheln kann«, notierte demgegenüber der Feinschmecker Gaston Ravignac vor zweihundert Jahren.

Wenn die Zwiebel-Tomaten-Sauce unseres Rezepts so gut gelingen soll, daß man sie liebkosen möchte, hängt das weitgehend von der Qualität der Zutaten ab. Dank der großen Sortenauswahl könnten Zwiebeln und Tomaten das ganze Jahr über in guter Qualität erhältlich sein.

Aber, Hand aufs Herz, wer kann im Laden wirklich zwischen Saucenzwiebeln, Frühlingszwiebeln, Schalotten, gelben, roten und weißen Küchenzwiebeln, zwischen Torpedozwiebeln, Silberzwiebeln, Lauchzwiebeln oder Perlzwiebeln wählen? Meist wird das eher unscheinbare Gemüse recht lieblos angeboten.

Mit Bedacht sollte man daher für dieses Gericht entweder die kleine, meist gelbe Saucenzwiebel, die im Grunde genommen eine zu klein gebliebene Küchenzwiebel ist, oder die Schalotte auswählen. Bei der Schalotte bildet die Mutterzwiebel mehrere kleine Tochterzwiebeln aus, die ein feines, würziges Aroma entwickeln. Im Grunde genommen kann man mit der Schalotte bei Saucen gar nichts falsch machen.

Ähnlich verhält es sich bei der Tomate. Die roten Früchte müssen nach Sonne und frischer Luft schmecken, sie sollten nicht grün geerntet worden sein, um künstlich nachzureifen, sie dürfen ihre schöne Farbe und glatte Haut keiner gentechnischen Manipulation verdanken. Schon längst ist es schwierig geworden, sich hier zurechtzufinden. Mit Augen und Nase mag es noch am besten gelingen: Man wähle Tomaten, die nicht durch ihre gleichmäßige Größe und verführerische Farbe hervorstechen, sondern durch ihr Aroma. Und man koche die *Bifes de cebolada* wie die Portugiesin dann, wenn die Tomaten im eigenen Garten reifen.

## Iscas à portuguesa

Marinierte Leber

600 g Leber (vom Schwein, Kalb oder Rind)

Für die Marinade:
50 g frische Korianderblätter
Salz, 4 Knoblauchzehen
1 EL Paprika
1 TL Kreuzkümmel
1 Lorbeerblatt
150 ml Weißwein
1 EL Weißweinessig

3 EL Olivenöl
Pfeffer bei Bedarf
1 EL gehackte Petersilie
1/2 Zitrone
8 entsteinte Oliven

Die Leber in dünne Streifen schneiden. Koriander, Salz, kleingehackte Knoblauchzehen, Paprika, Kreuzkümmel und das Lorbeerblatt im Mörser zerstoßen und gut vermengen, Wein und Essig angießen. Die Leberstreifen in eine Schüssel legen, mit der Marinade übergießen und 2–3 Stunden marinieren.
Anschließend aus der Marinade nehmen, abtropfen lassen, gut abtupfen und im heißen Öl anbraten. Mit etwas Marinade ablöschen, zum Kochen bringen und bei mäßiger Hitze köcheln lassen. Wenn nötig, mit Salz und Pfeffer nachwürzen.
In einer vorgewärmten Schüssel anrichten, Petersilie aufstreuen, mit Zitronenscheiben und Oliven garnieren und servieren.

Bei Lissabons Spezialität, der marinierten Leber, haben wir auf ein traditionelles Rezept zurückgegriffen. Im Zeitalter der schnellen Küche fehlen heute bei der Marinade oft frische Korianderblätter und Kreuzkümmel, die dem Gericht jedoch den erwünschten charakteristischen Geschmack geben.
Kreuzkümmel, *Cuminum cyminum*, ist die Spaltfrucht eines Doldengewächses, das sich von Vorderasien aus bis nach Indien und China und über alle südlichen Mittelmeerländer verbreitete. Schon sehr früh fand das stark aromatische Gewürz mit seinem scharfbitteren Geschmack Eingang in die Küchen der Ägypter, Griechen und Römer.
Da es sich im Gegensatz zum Kümmel gut mit anderen aromatischen Zutaten verträgt, machte man von ihm reichlich Gebrauch. Heute noch würzt man in den USA Würste, Käse und konserviertes Fleisch mit indischem Kreuzkümmel, und auch in Holland und in der Schweiz spielt das exotische Gewürz bei der Käseherstellung eine Rolle. Nach Deutschland gelangt jedoch nicht einmal ein Prozent der Weltproduktion an Kreuzkümmel. Hier findet man ihn vorwiegend in Würzmischungen und -saucen. Köche und Hausfrauen sollten sich ein Beispiel am Arzt Jacob Theodor Tabernaemontanus nehmen, der in seinem berühmten Kräuterbuch den Kreuzkümmel besonders hervorhebt und Vorschläge für über 150 Anwendungen macht, vor allem bei Magen- und Darmbeschwerden, Kopfschmerzen sowie Augenkrankheiten. Außerdem helfe das Gewürz bei Appetitlosigkeit, Heiserkeit oder Nachtblindheit.
Die Lissabonner Leberspezialität ist auf alle Fälle eine gute Gelegenheit, die aromatisierende Würzkraft des Kreuzkümmels einmal auszuprobieren.

*1 Brathähnchen*
*10 kleine Zwiebeln*
*2 Knoblauchzehen*
*4 Petersilienzweige*
*2 EL Olivenöl*
*150 g Presunto- oder Räucherschinken*
*Hühnerklein*
*1 Lorbeerblatt*
*1 EL Senf*
*4 geschälte Tomaten*
*6 Pfefferkörner*
*1 Glas Weißwein*
*1 Glas Tawny Port*
*2 EL Kognak*
*6 Rosinen*

*Das ausgenommene, gewaschene und trockengetupfte Hähnchen mit 3 kleinen Zwiebeln, 1 Knoblauchzehe und 2 Petersilienzweigen füllen, rundum mit Olivenöl einreiben und zur Seite legen.*
*Schinken in kleinere Stücke schneiden und auf den Boden eines Tonkruges oder einer schweren Kasserolle legen. Die restlichen Zwiebeln, das Hühnerklein, die zerdrückte Knoblauchzehe, die übrigen Petersilienzweige und das Lorbeerblatt einlegen.*
*Das Hähnchen in den Krug legen, den Senf, die gewürfelten Tomaten, die Pfefferkörner, Weißwein, Portwein, Kognak und Rosinen dazugeben. Den Krug zudecken und das Hähnchen im vorgeheizten Backofen garen.*
*Sobald das Hähnchen weich ist, den Krug aus dem Ofen nehmen, den Deckel entfernen, das Hähnchen in eine Bratpfanne legen und im Backofen eine schöne braune Farbe annehmen lassen. Die Sauce im Krug etwas einkochen.*
*Das Hähnchen in 4 Teile tranchieren und mit dem Hühnerklein und den Zwiebeln auf einer vorgewärmten Platte anrichten, mit Sauce übergießen und servieren. Den Rest der Sauce in einer Sauciere reichen. Als Beilage empfehlen wir Bratkartoffeln.*

# Frango na púcara

Hähnchen im Tonkrug

Die Weite der Estremadura geht in der Serra de Sintra zu Ende, alles türmt sich hier, die Bergrücken bedeckt der vollkommenste Wald, den man sich nur denken kann, grün und dicht und schattig, mit Blumen im Unterholz und voll von exotischen Bäumen.
Portugals Könige aus der Dynastie der Avis bauten ihre Sommerresidenz in Sintra. Der mittlere Palastteil mit den gotischen Bogen, den maurischen Fenstern und den kegelförmigen Küchenkaminen wurde bereits im 14. Jahrhundert errichtet.
Die Küche, die man heute besichtigen kann, bildet das Zentrum des Schlosses. Auf ihren riesigen Herden ließ die Königsfamilie einst für ihre Gäste, für fremde Könige, für Entdecker wie Vasco da Gama, Pedro Álvares Cabral und den Dichter Luis de Camões, festliche Gerichte kochen.
Das *Frango na púcara* wurde damals in gewaltigen Krügen zubereitet, die in einem raffinierten eisernen Wärmeschrank, der bis heute erhalten blieb, warm gehalten wurden. Diese Krüge aus gebranntem Ton speicherten sehr bald das Aroma der delikaten, würzigen Hähnchensauce. Es legte sich wie eine Patina über die rauhe Oberfläche und nistete sich in alle Poren ein. Das aber ist auch das Geschmacksgeheimnis dieses Gerichtes: Der poröse Ton nimmt rasch den Eigengeschmack der Speisen an und trägt ihn von Mal zu Mal weiter. In der Praxis ist es deshalb ungemein wichtig, daß ein Tontopf grundsätzlich nur für ein ganz bestimmtes Gericht verwendet wird.

# Empadas de galinha

Hühnerpastetchen

*1 Huhn, 200 g Speck
Salz, 3 Petersilienzweige
100 g feingeschnittenes Wurzelgemüse
1 kleine Zwiebel
6 schwarze Pfefferkörner
1 Lorbeerblatt, 1 TL Essig*

*40 g Butter, 1 Schalotte
1 EL Mehl, 1 geschälte Tomate
1/8 l trockener Weißwein
1 TL feingehackte Petersilie
Pfeffer, 80 g Pilze
1 EL Olivenöl, 12 entkernte grüne Oliven
2 cl Madeira, 1 TL Zitronensaft*

*500 g Blätterteig, 1 Eigelb*

*Das kochfertige Huhn und den in große Stücke geteilten Speck in einen Topf legen, mit gesalzenem Wasser bedecken und mit Petersilie, Wurzelgemüse, der ganzen Zwiebel, den Gewürzen und dem Essig weich kochen, aus der Brühe nehmen und abkühlen lassen.*
*Die Hühnerbrühe etwas einkochen lassen, dann durch ein Sieb gießen und zur Seite stellen.*
*Das entbeinte Huhn und den Speck in kleine Würfel schneiden. Butter erhitzen, die feingehackte Schalotte glasig anbraten, Mehl einrühren, die kleingewürfelte Tomate, den Weißwein, die Petersilie, Salz und Pfeffer dazugeben, gut durchrühren, das Hühnerfleisch und den Speck einlegen, etwas Hühnerbrühe angießen und alles bei geschlossenem Topf 10 Minuten auf kleiner Flamme schmoren lassen.*
*Die Pilze fein schneiden, in wenig Olivenöl kurz durchrösten, die Hühnermasse, die in Scheibchen geschnittenen Oliven, den Madeira und die restliche Hühnerbrühe hinzufügen und bei geringer Hitze weitere 5–10 Minuten schmoren lassen. Mit Salz, Pfeffer und Zitronensaft würzen.*
*Den Blätterteig ausrollen, Rondellen ausstechen, runde Backförmchen damit auslegen, Füllung darauf geben und mit einem runden Teigblatt bedecken.*
*Die Pastetchen mit Eigelb bestreichen und im vorgeheizten Backofen bei 220° C goldbraun backen.*
*Hühnerpastetchen aus der Form nehmen und heiß servieren.*

*I*n Portugal sind viele Hühner noch im wahrsten Sinne des Wortes Hausgeflügel. Sie wachsen in frischer Luft, unter freiem Himmel im Vorgarten oder im Hof auf. Die portugiesische Hausfrau kann entweder aus dem eigenen Geflügel wählen oder auf dem Markt die Hühnchen – auch lebende – sorgfältig aussuchen.
Bei uns sieht das Warenangebot ein wenig anders aus. Am besten für die *Empadas de galinha* eignet sich eine kleine Poularde, wie man sie überall tiefgefroren oder frisch geschlachtet kaufen kann. Dabei handelt es sich um ein junges, gemästetes Hühnchen oder Hähnchen. Poulardenfleisch ist hell, wohlschmeckend und sehr zart.

*1 Lammkeule
100 g Champignons
1 TL Zitronensaft
40 g Frühlingszwiebeln
Salz
Pfeffer
20 g Butter
100 g durchwachsener Speck
frische Pfefferminze
2 TL trockener Portwein
1 Ei
3 EL Öl
Fleischbrühe*

# Perna de carneiro recheada

Gefüllte Lammkeule

*Mit einem scharfen, spitzen Messer die Haut und die darunterliegende Fettschicht von der Keule lösen und vorsichtig – damit die Haut möglichst ganz bleibt – mit den Fingerspitzen bis zum Oberschenkelknochen zurückziehen.
Champignons kleinhacken, mit Zitronensaft beträufeln, kleingehackte Frühlingszwiebeln untermischen, mit Salz und Pfeffer würzen und in der Butter braten. Den Speck kleinwürfeln, kurz anrösten, mit feingehackter Pfefferminze und 1 TL Portwein verrühren und zu den Champignons geben. Die Masse mit dem Ei binden und gut vermengen.
Das freigelegte Fleisch der Keule mit der Masse bestreichen, die Füllung etwas andrücken, die Haut behutsam über die Füllung ziehen und am oberen Ende der Keule mit Küchengarn zusammennähen.
Die Keule mit Salz bestreuen.
Öl in einer gußeisernen Pfanne erhitzen, die Lammkeule einlegen, den restlichen Portwein darübergeben und im vorgeheizten Backofen bei 180° C braten, bis das Fleisch gar ist. Während des Bratens nach Bedarf etwas Fleischbrühe angießen.
Vor dem Servieren das Küchengarn entfernen und die Lammkeule in Scheiben schneiden.*

Die sinnenfrohen Könige aus der Dynastie von Bragança, von denen nur wenige im Ruf strenger Sitten standen, weilten gerne in ihrer Sommerresidenz, dem Palácio Nacional de Queluz. Und ganz besonders liebten sie die kulinarischen Überraschungen, die in der *Cozinha velha*, der alten Küche, zubereitet wurden. Die Palastküche ist riesig, ihre Balken werden von Säulen getragen, glänzende Kupferkessel stehen über offenen Feuerstellen, der Rauch zieht durch einen turmartigen Kamin ab.
Heute ist die Cozinha velha ein luxuriöses Restaurant, und die Köche bereiten nun mit den königlichen Utensilien die Speisen für den wohlhabenden Teil des Volkes zu. Auch den zehn Meter langen Marmortisch gibt es noch, auf dem die Mahlzeiten für die königliche Hoftafel angerichtet wurden.
*Perna de carneiro recheada* war eines der Lieblingsgerichte der unglücklichen Königin Maria I., die schwer krank mit ihrem Hofstaat vor Napoleons Soldaten nach Brasilien flüchtete und im Exil starb.
Das Besondere an der gefüllten Lammkeule besteht darin, daß der Knochen nicht aus dem Fleisch entfernt wird und dadurch das Fleisch beim Garen viel saftiger bleibt. Beim Tranchieren hebt man die Keule am Unterschenkelknochen etwas an, hält die Keule schräg und schneidet das Fleisch fast parallel zum Knochen in dünne Scheiben. So läßt es sich schön auf einer vorgewärmten Platte anrichten.

*8 Eiweiß*
*260 g Kristallzucker*
*3/4 l Milch*
*1 TL abgeriebene Zitronenschale (unbehandelt)*
*Zimt*

*Eiweiß in einer großen Schüssel unter laufender Beigabe von Kristallzucker zu einem festen Schnee schlagen. Milch erhitzen und mit einem großen Löffel oder einer Teigkarte große Nocken (Klöße) aus der Masse formen und vorsichtig in die Milch einlegen. 10–12 Minuten unter mehrmaligem Wenden ziehen lassen. Die fertigen Klöße mit abgeriebener Zitronenschale und reichlich Zimt bestreuen und servieren.*

# Farófias

Schneeklöße

*Farófias* sind eine Spezialität aus der Estremadura. Sie werden auch unter Verwendung von Eigelb und Stärkemehl hergestellt, schmecken jedoch nach unserem Rezept flaumiger und delikater.
Die Schneeklöße werden entweder in der mit Vanille aromatisierten Milch serviert oder mit einer Backschaufel vorsichtig aus der Milch gehoben und mit Schokoladen- oder einer Fruchtsauce auf den Tisch gebracht.
Besonders gut eignen sich dafür Himbeeren oder Aprikosen. Während man die Himbeeren mit Zucker, Grand Marnier und etwas Zitronensaft püriert und kalt serviert, wird die Aprikosensauce warm gereicht. Man zerkleinert dabei die entkernten Aprikosen, mischt sie gut mit reichlich Kristallzucker und läßt die Früchte einige Stunden stehen, damit sie Saft ziehen. Mit dem eigenen Fruchtsaft und bei Bedarf etwas Wasser werden die Aprikosen nun zu einem Brei verkocht. Anschließend streicht man sie durch ein Sieb, läßt sie etwas abkühlen, aromatisiert die Sauce mit einem Schuß Aprikosenbranntwein und serviert sie warm zu den Farófias aus der Estremadura.

*500 g TK-Blätterteig*
*1 EL Grand Marnier*

*Für die Füllung:*
*8 Eigelb*
*1/2 l süße Sahne*
*150 g Zucker*
*1 TL abgeriebene Zitronenschale (unbehandelt)*
*1 EL Stärkemehl*

*Zum Bestreuen:*
*1 EL Zimt*
*Puderzucker*

*Blätterteig auftauen, messerrückendünn ausrollen, Kreise ausstechen und Förmchen damit auskleiden. Den Teig am Boden mit einer Gabel mehrmals einstechen und mit etwas Grand Marnier beträufeln.*
*Für die Füllung die Eigelbe mit dem Mixer schlagen und durch ein Sieb in einen Topf gießen. Die Sahne, den Zucker und die Zitronenschale hinzufügen und unter ständigem Rühren langsam erhitzen. Das in etwas Wasser aufgelöste Stärkemehl einrühren. Sobald die Mischung dickflüssig wird, diese kurz köcheln lassen, vom Feuer nehmen und abkühlen lassen.*
*Die mit Teig ausgelegten Förmchen mit der Creme füllen und im vorgeheizten Backofen goldbraun backen. Die erkalteten Pastetchen mit Zimt und Puderzucker bestreuen.*

# Pastéis de nata

Sahnepastetchen

In Belém, wo der Wind nach Meer und Fisch und Abenteuer riecht und die Luft nach Salz schmeckt, wurden die süßen *Pastéis de nata* erfunden. In kleinen Läden, in winzigen Konditoreien, die sich nahe an das Mosteiro dos Jerónimos drängen, werden sie täglich frisch zubereitet und angeboten. Bekannt wurde der einstmals kleine Fischerort Belém nahe Lissabon erst, als den Portugiesen der Sinn nach fernen, profitablen Ländern stand. Vorüber am Torre de Belém, der als Wasserfestung entstand, brachen die Flotten unter dem Kreuz des *Ordem do Cristo* zu ihren Entdeckungsfahrten auf, hier flossen die Abschieds- und Empfangstränen, und mit den Rückkehrern kamen Reichtum, Gold, Gewürze und Sklaven an Land. Schon im 16. Jahrhundert ließ, wer auf sich hielt, ein Haus in Belém bauen. Für die Wohlhabenden Lissabons, die ihren Reichtum aus erbeuteten Gewürzen bezogen, wurden all die süßen Pasteten erdacht und mit ungemein viel Ceylonzimt bestreut, so daß der Duft von der Quelle ihres Reichtums immer um sie war.
Eine Variante für Hausfrauen mit wenig Zeit wurde für die *Pastéis* erst später erfunden: Man füllt die blindgebackenen Blätterteigpastetchen mit festgeschlagener Sahne, die mit Zucker, Zimt, gestiftelten Mandeln und etwas Mandellikör vermischt wird.

# Alentejo

Das Gold unendlicher Weizenfelder, das rötliche Braun der Korkeichen, das silbrige Grün der Olivenhaine und das strahlende Weiß der Häuser und Herrensitze sind die Farben des Alentejo. Hier findet man Burgen aus ruhelosen Jahrhunderten und von Römern gegründete Orte: das barocke Portalegre, Évora mit dem maurisch mittelalterlichen Gepräge, das alte Beja und das Fischerdorf Sines, in dem Vasco da Gama geboren wurde.

Über den wenigen Städten im flachen Hügelland und der fast unbekannten *Costa Dourada*, der »Goldenen Küste« von Tróia bis zur Algarve, wölbt sich ein mediterraner, beinahe tintenblauer Himmel wie eine gläserne Kuppel.

Die Landschaft südlich des Tejo zwischen Atlantik und Spanien, zwischen Ribatejo und Algarve atmet Weite und Stille, sie macht ein Viertel des Landes aus, aber auf dem schier endlos scheinenden kargen, einsamen Tafelland, das in den nördlichen Teil Alto Alentejo und in den südlichen Teil Baixo Alentejo unterteilt ist, leben nur knapp eine halbe Million Menschen.

Dabei war die teils malerische Landschaft mit den makellos weißgekalkten Dörfern, den üppig blühenden Hortensien und den intensiv leuchtenden Bougainvilleen immer leicht zugänglich. Die glutheißen Sommer und die bitterkalten Winter schreckten weder die straßen- und städtebauenden Römer noch die Mauren ab, die ihren Baustil in das Land und ihren Reis in das Tal des Sado brachten.

Heute ist der Alentejo die *Terra do pão*, das Land des Brotes, in dem große Mengen Weizen, Reis und Hafer gedeihen. Auf den riesigen Weideflächen grast ein Drittel des portugiesischen Viehbestandes, Schafe und Truthähne drängen sich unter die schattenspendenden, *Chaparros* genannten Bäume, die Schweine des Baixo Alentejo werden mit Eicheln verwöhnt und gemästet, Gemüse, vorwiegend Tomaten, gedeiht auf dem an sich unergiebigen Boden, der teilweise mühsam bewässert werden muß.

Das urwüchsige, bäuerliche Land hat eine bodenständige Küche aus den Produkten des Landes hervorgebracht und mit erstaunlichen Zutaten angereichert. Brot, *Pão duro*, spielt eine große Rolle. Man reichert damit viele Suppen an, unter anderem die *Açorda à alentejana*, die mit viel Koriander und verlorenen Eiern gekocht wird, den *Gaspacho à alentejana*, eine kalte Sommersuppe, die *Sopa da panela* mit Hühner- und Truthahnfleisch und die *Sopa de espargos bravos* mit Kräutern und wildem Spargel.

Auch *Migas*, mit Brot angereicherte Speisen, findet man überall, mal werden sie *à alentejana* mit geschnetzeltem Fleisch und geräucherten Würsten gekocht, mal mit *Bacalhau* oder Speckkartoffeln.

Zu den klassischen Fleischgerichten zählen *Lombo de porco com amêijoas*, in Wein marinierte Schweinelende, die mit Muscheln gekocht wird, *Cabrito assado*, ein mit Knoblauch, Zwiebelchen und Gewürznelken gefülltes Zicklein, *Carneiro assado*, mariniertes, gebratenes Hammelfleisch, und *Coelho em vinha d'alho*, Kaninchen in Knoblauchmarinade. Erstaunlich vielseitig sind die Zubereitungsarten von Hühnern, Truthähnen, Wildschweinen und Rebhühnern, die nahe der spanischen Grenze gejagt werden.

Der Alentejo ist wie Trás-os-Montes für seine Schweinezucht, seine Würste und seinen Schinken berühmt. *Cacholeira* und *Chouriços*, *Farinheiras* und *Linguiças*,

*Mangotes, Salpicão* und *Presunto-Schinken* werden aus vorzüglichem Schweinefleisch hergestellt und mit Knoblauch und Pfeffer, zuweilen mit Wein aromatisiert. Die Würste eignen sich zum Kochen und Grillen, man findet sie als Zutaten zu Bohnen und Reis, aber auch in manchen Wildgerichten.
Desserts und Backwaren sind im Alentejo ebenfalls sehr gehaltvoll und ausgesprochen süß. Sie werden häufig mit vielen Mandeln, mit Pinienkernen, mit Zimt und Honig zubereitet. So formt man *Pinhoadas*, süße Happen aus Pinienkernen, Honig und Zimt, traditionelle Kuchen, wie etwa *Bolo de amêndoa* oder *Bolo de mel* aus Mandeln und Honig, *Queijadas*, Quarktörtchen, und eine Fülle von süßen Pasteten, Waffeln und Krapfen.
Die besten Käse im Alentejo werden aus Schaf- oder Ziegenmilch hergestellt. Neben Produkten, die Städtenamen tragen wie *Beja* und *Évora*, kommt der *Merendeiras*, meist in Olivenöl eingelegt, auf den Markt.
Als bester Käse im Alentejo gilt der *Serpa*. Er wird aus der Milch von Schafen und Ziegen gewonnen, darf ein bis zwei Jahre in kühlen Höhlen reifen und wird dabei laufend mit einer Paste aus Olivenöl und Paprika eingerieben, die seine Rinde orangefarben werden läßt. Beinahe ungewöhnlich für Portugal: Weine gedeihen zwar bei Redondo, Borba, Portalegre und Vidigueira, aber sie spielen im Alentejo keine herausragende Rolle.

*2 Knoblauchzehen*
*1 TL grobkörniges Salz*
*1 Bund frischer Koriander*
*100 ml Olivenöl*

*1 l Wasser*
*1 EL Essig*
*Salz*
*4 Eier*

*4 Weißbrotscheiben*
*1 TL feingehackter Knoblauch*
*2 EL Öl*
*1 l Fleisch- oder Gemüsebrühe*

*Die Knoblauchzehen hacken und mit grobem Salz und feingeschnittenem Koriander im Mörser zu einer Paste verreiben. Nach und nach Olivenöl angießen, gut verrühren und die entstandene Mischung in 4 Suppentassen verteilen.*
*In einem flachen Topf Wasser, Essig und Salz zum Kochen bringen, den Topf vom Feuer nehmen, die Eier einzeln in eine Tasse schlagen und vorsichtig in das nun nicht mehr kochende Wasser gleiten lassen. Mit einem Holzlöffel das Eiweiß vorsichtig über das Eigelb ziehen und die Eier 4 Minuten im offenen Topf ziehen lassen. Das Brot im mit Knoblauch vermischten Öl rösten und in Streifen schneiden.*
*Die kochende Brühe über die Knoblauch-Koriander-Mischung in den Suppentassen gießen, vorsichtig je 1 pochiertes Ei einlegen. Mit den gerösteten Brotstreifen servieren.*

# Sopa à alentejana

Koriander-Knoblauch-Suppe mit pochierten Eiern

Verschlossene, hart arbeitende Menschen, arm und müde vor der Zeit, leben im Alentejo. Aber in keiner anderen Ecke des Landes schnitzen die Hirten schönere Löffel aus Holz und phantasievollere Trinkgefäße aus Ochsenhorn.
Kaum irgendwo sonst in Portugal gibt es eine so große Außwahl an ungemein nahrhaften Suppen wie hier. *Alentejanos* lieben dicke *Sopas*, »in denen der Löffel seine Mühe hat«. So kommt die Koriander-Knoblauch-Suppe auch als *Açorda à alentejana* auf den Tisch. Sie wird dann mit viel Gemüse angereichert und mit noch mehr Brot, das man direkt in die Suppe gibt, eingedickt. Ähnlich wie die *Sopa à alentejana* wird auch die *Sopa de espinafres com ovos*, die Spinatsuppe mit Eiern, zubereitet. Dabei wird gekochter Spinat mit frischem Koriander, viel Knoblauch und Salz im Mörser zu einer Paste zerrieben, mit Hühnersuppe aufgegossen und mit gerösteten Brotscheiben belegt, auf die man die pochierten Eier gleiten läßt. Im Grunde genommen eignen sich vielerlei Gemüse für diese Art der Zubereitung. Anstelle von Spinat kann man auch gekochte Lauchstangen, Kohlsprossen, Karotten oder Wildgemüse, etwa wilden Spargel, verwenden. Aber der Einfallsreichtum der Alentejanos macht auch vor gewagten Rezepten nicht halt: In der *Sopa de feijão branco* mit weißen Bohnen schwimmen Thunfischstücke, Kartoffeln und Brot, in der *Sopa de toucinho* finden Speck, Würste, Kartoffeln, Brot und Eier zueinander, und in der *Sopa de lebre* gart ein Wildhase mit Zwiebeln, Speck, Brot und Weißwein.

*3 Knoblauchzehen*
*1 TL grobkörniges Salz*
*3 EL Olivenöl*
*4 große, reife Tomaten, geschält*
*1/2 mittelgroße Gurke*
*1 grüne Paprikaschote*
*200 g entrindetes Weißbrot*
*2 EL Essig*
*1 l eiskalte Gemüsebrühe*
*Salz*
*Pfeffer*
*frischer Dill*
*frische Pfefferminzblätter*
*1 TL Zitronensaft*
*80 g Räucherschinken*

*Die Knoblauchzehen kleinhacken und im Mörser mit grobem Salz und 1/2 EL Olivenöl zerreiben und beiseite stellen.*
*Die Tomaten, 1/4 der geschälten Gurke, die entkernte, zerkleinerte Paprikaschote und das mit etwas Wasser befeuchtete Weißbrot im Mixer pürieren. Unter kräftigem Schlagen Essig und das restliche Öl mischen und ebenfalls in den Mixer geben. Etwas Gemüsebrühe (oder Wasser) hinzufügen, die Masse durch ein Sieb rühren, mit Salz, Pfeffer, gehacktem Dill, feingewiegten Pfefferminzblättern und Zitronensaft würzen. Kalt stellen.*
*Die Knoblauchpaste in die Suppenschüssel geben, die Gemüsemischung darübergießen und eiskalte Gemüsebrühe angießen, bis die gewünschte Konsistenz erreicht ist. Den Rest der Gurke und den Schinken in kleine Würfel schneiden und über die Suppe streuen.*

# Gaspacho à alentejana

Kalte Sommersuppe

Die heißen Sommer im Alentejo, wenn die Sonne unnachsichtig auf das flache Land niederbrennt und die Tomaten reifen läßt, wenn der Glutwind über die meerfernen Landesteile weht und die Männer Halstücher um den Nacken und die Frauen Kopftücher unter den Hüten tragen, ist die Jahreszeit dieser kalten Suppe.

Was nun mit Hilfe von Küchengeräten in wenigen Minuten fertiggestellt wird, war und ist auch heute noch in abgelegenen Dörfern Portugals eine schweißtreibende Arbeit allein mit Mörser und Stößel. Da diese Zubereitungsart jedoch den Erfrischungswert des Gerichts – zumindest für die Köchin – ganz erheblich beeinträchtigt, sollte man nur die Knoblauchpaste im Mörser herstellen und alle übrigen Zutaten im Mixer pürieren.

Die Vorliebe für diese kalte Sommersuppe, die sich auf dem Wege von Spanien nach Portugal vom *Gazpacho* zum *Gaspacho* wandelte, verbindet die beiden Nationen, die ansonsten eher Berührungsprobleme miteinander haben. Sie wurde weder hüben noch drüben erdacht, die Mauren brachten die Idee, eine kalte Suppe im Mörser zuzubereiten, bei ihren Eroberungszügen entlang des Mittelmeeres mit. Zwar hatten sie noch keine Tomaten zur Verfügung, aber auch ihre Rezepte aus Melonen, Gurken, Mandeln und Sultaninen waren bemerkenswert.

# Migas à alentejana

Migas nach Art des Alentejo

*Für die Pfeffermischung:*
*3 Knoblauchzehen*
*1 Stück scharfe rote Pfefferschote*
*40 g edelsüßer Paprika*
*1 TL Salz*
*2-3 EL Olivenöl*

*300 g Schweinelende*
*600 g Rinderfilet*
*200 g fetter Räucherschinken*
*750 g Weißbrot*
*schwarzer Pfeffer (Mühle)*
*80 g Butter*
*1 Zitrone*
*1 EL gehackte Petersilie*

Knoblauchzehen und das Stück Pfefferschote im Mörser zerstampfen, mit Paprikapulver und Salz mischen und mit Olivenöl zu einer Paste verrühren.
Schweinelende und Rinderfilet in Würfel schneiden, getrennt in Schüsseln legen, mit der Pfefferpaste bestreichen und über Nacht in den Kühlschrank stellen.
Den kleingewürfelten Räucherschinken knusprig braten, aus der Pfanne nehmen, abtropfen lassen und beiseite stellen.
Heißes Speckfett auf 2 Pfannen verteilen, Schweinefleisch und Rindfleisch getrennt anbraten, mit wenig Wasser ablöschen und bei mäßiger Hitze köcheln lassen, bis das Fleisch gar ist.
Brot in Scheiben schneiden, mit etwas kochendem Wasser übergießen, quellen lassen, den gebratenen Schinken kleinschneiden, untermischen und das Brot mit einem Holzlöffel zu einer glatten Masse rühren. Mit schwarzem Pfeffer und bei Bedarf mit etwas Salz würzen.
Etwas Butter in einer flachen Pfanne mit festem Boden erhitzen, die Brotmasse darüber verteilen, kurz anbraten, Butterflöckchen aufsetzen und die Oberfläche der Brotmasse im Backofen etwas anbräunen.
Die Brotmasse auf einen großen Teller stürzen, die Fleisch- und Schinkenwürfel darüber verteilen, mit Zitronenvierteln und gehackter Petersilie garnieren und heiß servieren.

Wer bei dem Wort *Migas* nur an schnelle Küche und einen feuchten Brotbrei mit Schinken oder geschnetzeltem Fleisch denkt, irrt gewaltig. Im Land des Weizens und des Brotes, in den leuchtend weiß gekalkten Bauernhäusern sind Migas eine Art Nachweis für die Kochkunst der Hausfrau. Dabei spielt kulinarische Phantasie eine große Rolle.
Migas gehören zu den ältesten Speisen in den Herzländern der Iberischen Halbinsel. Sie haben ihren Ursprung in der Küche der Schäfer, die sich aus hartgewordenem Brot, einer Handvoll wilder Kräuter und einem winzigen Stück Speck eine nahrhafte und wohlschmeckende Mahlzeit zubereiteten. Über die Landesgrenzen hinweg haben sich Migas in Spanien und Portugal ihren Namen bewahrt. In Spanien bereitet man sie allerdings häufig aus winzigen Brotwürfeln zu, die zusammen mit Schinken, Fleisch oder Wurstscheiben goldbraun gebacken werden.
Im allgemeinen werden *Migas à alentejana* mit Schinken, Schweine- und Rindfleisch zubereitet, in Wirklichkeit gibt es jedoch eine unüberschaubare Vielzahl von Variationen.

## Molho de piri-piri

Scharfe rote Pfeffersauce

*4 rote Chillies, frisch oder getrocknet*
*150 g geschälte und entkernte Tomaten*
*1 kleine Zwiebel*
*1 Knoblauchzehe*
*1/8 l Olivenöl*
*1 EL Weinessig*
*Salz*

*Frische Chillies entkernen, Innenwände und Stengel entfernen und auf einem Backblech im Backofen rösten. Getrocknete Chillies werden halbiert, entkernt, von den dickeren Rippen befreit und in Stücke gebrochen.*
*Im Mörser oder im Mixer die Chillies, die grobgewürfelten Tomaten, die feingehackte Zwiebel und Knoblauchzehe sorgfältig zerstoßen, mit Öl und Essig zu einer dicken Sauce rühren und mit Salz abschmecken.*

»Das Meer ist für Gott, und Gott ist für mich.« Spätere Chronisten bezeugten den Wahlspruch von König João II. aus der Dynastie Avis. Vielleicht ist er auch nur eine Erfindung, dennoch bleibt es eine Tatsache, daß unter Joãos Regierung die Portugiesen mit Diogo Cão das Mündungsgebiet des Kongo und mit Bartolomeu Diaz das Kap der Guten Hoffnung erreichten.

Auf dem Weg lag Guinea, wo bereits 1455 der in portugiesischen Diensten stehende Genuese Usodimare am Fluß Gambia als erster Europäer den Malaguettapfeffer entdeckte. Obwohl der in Sines im Alentejo geborene Vasco da Gama mit seiner Reise nach Calicut an der indischen Malabarküste die Epoche der »Pfeffersäcke« eingeleitet hatte, blieben die Portugiesen der scharfen afrikanischen, heute angolanischen Würzpflanze und ihren Nachzüchtungen weitgehend treu.

*Piri-piri* ist zwar durch Cayennepfeffer ersetzbar, doch den *Molho de piri-piri*, der in jeder portugiesischen Küche als Vorrat gehalten wird, muß man selbst zubereiten. Dabei läßt sich die Schärfe dieser Pfefferschotensauce durch die Anzahl sowie die Sorte der verwendeten Chillies und die nicht unbedingt erforderliche Beigabe von Tomaten, die die Schärfe ein wenig mildern, variieren. Das Zauberwort heißt: kosten und Erfahrungen sammeln.

Piri-piri-Sauce befindet sich in Keramiktiegeln, die in den kleinen portugiesischen *Tascas*, den auf Meeresfrüchte spezialisierten *Cervejarias*, Biersälen, und Restaurants auf den Tischen stehen. Man tropft sie auf Garnelen und Krebse, auf Hummer und Langusten, auf gegrillte Fische und Hühnchen.

*2 Hühnerbrüste*

*Saft 1 Orange*
*1 TL Zitronensaft, 1 Schalotte*
*1 EL Olivenöl, Salz*
*Pfeffer, 40 g Butter*

*Für den Safranreis:*
*40 g Butter, 1 kleine Zwiebel*
*1/2 Knoblauchzehe*
*250 g Rundkornreis*
*50 ml Weißwein, 700 ml Hühnerbrühe*
*1 Messerspitze Safran*
*8 schwarze Oliven*

*1 EL Piri-piri-Sauce (Seite 138)*

*Die Hühnerbrüste auslösen, die Haut entfernen, die Brüste im Faltschnitt aufklappen und in eine flache Schüssel legen.*
*Aus Orangen- und Zitronensaft, der kleingeschnittenen Schalotte und Olivenöl eine Marinade bereiten und über die Hühnerbrüste gießen. Mit Klarsichtfolie bedecken und mindestens 12 Stunden in den Kühlschrank stellen.*
*Hühnerbrüste aus der Marinade nehmen, gut abtropfen lassen, mit Salz und Pfeffer bestreuen, kurz in Butter anbraten und im Backofen fertigbraten. Von Zeit zu Zeit mit Marinade bepinseln.*
*Für den Safranreis die Butter erhitzen, gehackte Zwiebel und gehackte Knoblauchzehe kurz dünsten, den Reis glasig anrösten, mit Weißwein ablöschen und den Wein einkochen lassen. Nach und nach Hühnerbrühe angießen und den in etwas Hühnerbrühe aufgelösten Safran zugeben. Der Reis sollte knapp mit Flüssigkeit bedeckt sein. Bei mäßiger Hitze 18–20 Minuten kochen.*
*Den fertigen Reis in eine flache Schüssel gießen, mit Oliven garnieren und die Hühnerbrüste darauf verteilen.*
*Unmittelbar vor dem Servieren die Hühnerbrüstchen mit Piri-piri-Sauce bestreichen.*

# Arroz açafrão

Safranreis mit Hühnerfleisch

Seit Jahrtausenden wird in China Reis angebaut. Neuere Forschungen halten es jedoch für möglich, daß die Getreidepflanze zunächst auf dem indischen Subkontinent kultiviert wurde, wo man die Götter mit Reisopfern freundlich und gnädig stimmen wollte.
Von Indien aus ging die Pflanze auf ihre Weltreise. Sie gelangte über Persien auch ins Zweistromland. Im 4. Jahrhundert v. Chr. brachte Alexander der Große Reis von einem seiner ausgedehnten Kriegszüge nach Griechenland. Die Hellenen und Römer der Antike kannten und schätzten ihn, aber sie bauten ihn nicht selbst an. Erst im 8. Jahrhundert, mit den Mauren, gelangte die Kulturpflanze, die noch heute Hauptnahrungsmittel für mehr als die Hälfte der Menschheit ist, auf die Iberische Halbinsel, und einige Jahrhunderte später brachten sie die portugiesischen Entdecker nach Südamerika.
In Portugal gibt es heute erstaunlich ausgedehnte Reisanbaugebiete am Rio Sado und am Rio Mondego. *Arroz* spielt in vielen Zubereitungsarten in der Küche eine große Rolle.
Für dieses Gericht verwendet man am besten Reis mit einem großen, runden Korn. Er ist im Kern weich, nimmt beim Kochen mehr Flüssigkeit auf und gibt auch mehr Stärke ab.
Bei der Zubereitung kommt es darauf an, daß der Reis sehr langsam gegart wird und dann unverzüglich auf den Tisch kommt. Er sollte leicht flüssig bleiben, aber im inneren Korn noch Biß behalten.

# Caldeirada rica

Reicher Fischtopf

*1 kg verschiedene Fische (z.B. Seeaal, Seehecht, Meerbarben, Meeräschen, Knurrhahn, Drachenkopf)*
*Für den Fond:*
*1 Lauchstange, 1 Schalotte, 3 l Wasser*
*2 Petersilienzweige, 1 Lorbeerblatt*
*8 weiße Pfefferkörner, Salz*
*3 Zitronenscheiben, 1/4 l Weißwein*

*5 EL Olivenöl, 2 Zwiebeln, 1 Knoblauchzehe*
*3 geschälte Tomaten, frische Korianderblätter, 200 g gekochte Krevetten*
*12 Muscheln, gewaschen und gebürstet*
*1 gekochte kleine Languste, Pfeffer*
*1 Messerspitze Piri-piri oder Cayennepfeffer*
*4 Weißbrotscheiben, 1 Bund Petersilie*

*Die Fische unter fließend kaltem Wasser abspülen, trockentupfen, säubern, Köpfe und Schwanzflossen entfernen.*
*Lauch und Schalotte in Ringe schneiden, in einen großen Topf geben, Wasser angießen, die Fischköpfe einlegen und mit Petersilie und Lorbeerblatt zum Kochen bringen. 1/2 Stunde kochen, die Pfefferkörner, Salz, die Zitronenscheiben und den Weißwein dazugeben und noch 1/4 Stunde köcheln lassen. Anschließend durch ein Sieb gießen und warm stellen.*
*Öl erhitzen, die in Scheiben geschnittenen Zwiebeln und die gehackte Knoblauchzehe leicht anbraten, die geviertelten Tomaten und die Korianderblätter dazugeben, durchrühren und mit Fischfond ablöschen. Kurz aufkochen lassen, die in Stücke geschnittenen Fische, die gekochten Krevetten, die gut gesäuberten Muscheln und die zerteilte gekochte Languste einlegen, die Kasserolle gut zudecken und das Fischgericht bei geringer Hitze garen. Mehrmals schütteln, jedoch nicht umrühren. Mit Salz, Pfeffer und Piri-piri oder Cayennepfeffer würzen.*
*Entrindete Weißbrotscheiben auf 4 tiefe Teller verteilen, die saucenartige Suppe darübergießen, Fische, Muscheln, Krevetten und Langustenstücke einlegen und mit grobgehackter Petersilie bestreuen.*

Von Cabo de São Vicente die ganze Atlantikküste entlang bis nach Caminha im Minho gibt es eine unendliche Vielfalt von Fischtöpfen, die in dampfenden Terrinen auf den Tisch kommen. In den portugiesischen Hafenstädten, in denen man die Fische direkt nach dem Fang kauft, kann man die Zutaten für die *Caldeirada* aus dem überreichen Angebot des Meeres jeden Tag von neuem zusammenstellen. Das Gericht variiert nach dem jeweiligen Angebot, und die Hausfrauen wissen ganz genau, ob sie ihren Einkauf mit einer Handvoll Kräuter, mit *Piri-piri* oder mit Safran würzen, um eine reiche Fischsuppe zu kochen.
Wer fern von der Meeresküste wohnt, muß sich dagegen auf das beschränken, was der Markt an verfügbarer Ware hergibt. Dank eines gut funktionierenden Liefersystems gelangt Frischfisch heute von europäischen Häfen, sorgfältig auf Eis gebettet, innerhalb von zwei Tagen zum bemühten Fischhändler und zum Verbraucher. Wo die Auswahl dennoch fehlt, kann man die Caldeirada auch aus tiefgefrorenen Fischen, wie etwa Seezunge, Seebarsch, Steinbutt oder Seehecht, zubereiten.

# Salmonetes à moda de Sines

Rotbarben mit Oliven

*1 kg Rotbarben*

*Für die Marinade:*
*2 Knoblauchzehen*
*3 EL Olivenöl*

*Saft 1 Zitrone*
*Salz*
*Pfeffer*
*1/8 l Weißwein*
*4 EL Olivenöl*
*150 g schwarze Oliven*
*1 unbehandelte Orange*

*Die Meerbarben schuppen, ausnehmen, gut waschen und trockentupfen. Knoblauchzehen schälen, durch die Knoblauchpresse drücken, mit dem Olivenöl vermischen, das Knoblauchöl mit einem Pinsel sparsam auf die Meerbarben streichen und die Fische 30 Minuten im Kühlschrank marinieren.*
*Die Meerbarben aus dem Kühlschrank nehmen, mit Küchenkrepp abreiben, mit dem Zitronensaft beträufeln, salzen und pfeffern. Anschließend in eine feuerfeste Form legen, Wein und Olivenöl angießen, die Oliven darüberstreuen und im vorgeheizten Backofen etwa 30 Minuten garen. Die gegarten Fische herausnehmen und warm stellen. Orangenscheiben in den Fond legen, etwas einkochen lassen und mit den Fischen servieren.*

Dunkle, reife Oliven sind ein Markenzeichen der Küche des Alentejo, eine Lieblingszutat, die auch bei Fischen nicht fehlen darf. Vor allem im rotbraunen Tafelland der Provinz findet man jene silbrig schimmernden Ölbäume mit den knorrigen, windgedrehten Stämmen, mit der rauhen, aufgebrochenen Rinde, die nach Meinung von Experten ebenso alt sind wie die im Garten Gethsemane.
Die anspruchslosen, anpassungsfähigen Bäume wurden einst von den Römern ins Land gebracht. Für sie war die Pflanze der Göttin Minerva heilig. Ölzweige galten in der Antike im allgemeinen als Zeichen des Sieges, für Juden und Christen waren sie jedoch Symbole des Friedens und der Vergebung. So heißt es etwa in der *Genesis*, Kapitel VIII, als Noah auf das Trockenwerden der Welt nach der Sintflut hoffte: »Dann wartete er noch weitere sieben Tage und ließ wieder die Taube aus der Arche. Gegen Abend kam die Taube zu ihm zurück, und siehe da: In ihrem Schnabel hatte sie einen frischen Olivenzweig. Jetzt wußte Noah, daß nur noch wenig Wasser auf der Erde stand.«
In vielen Gegenden Portugals versinnbildlichen Brot, Oliven und Wein noch immer die Grundbedürfnisse des Lebens. In der Küche verwendet man besonders gerne die schwarzen Oliven, *Azeitonas pretas*. Die ölhaltigen Früchte werden jedoch nur in geringem Maße in Salzlake konserviert, der größte Teil wird zu Olivenöl verarbeitet.

## Lombo de porco com amêijoas à alentejana

Schweinefleisch mit Muscheln nach Art des Alentejo

*800 g Schweinelende*

*Für die Marinade:*
*4 Knoblauchzehen*
*1 TL grobes Salz*
*1/2 getrocknete rote Pfefferschote*
*1 Lorbeerblatt*
*1 Messerspitze Piri-piri oder Cayennepfeffer*
*1/4 l trockener Weißwein*

*4 EL Schweineschmalz*
*800 g Muscheln (Herzmuscheln)*
*2 EL kleingehackter frischer Koriander*
*Zitronenscheiben*

*Schweinelende in 2–3 cm große Würfel schneiden und die Würfel in ein Tongefäß legen. Knoblauch mit Salz, Pfefferschote und Lorbeerblatt im Mörser zerstoßen und mit Piri-piri oder Cayennepfeffer und Wein zu einer Marinade vermischen.*
*Die Fleischwürfel mit der Marinade übergießen, mehrmals wenden und 8–12 Stunden in den Kühlschrank stellen.*
*Das Fleisch aus der Marinade nehmen, mit Küchenkrepp abtupfen und in einer großen, flachen Kasserolle in heißem Schweineschmalz gut anbraten. Muscheln sorgfältig säubern, mit der Marinade zum Fleisch geben und in der zugedeckten Kasserolle bei starker Hitze kochen, bis sich die Schalen der Muscheln öffnen. Nicht geöffnete Muscheln entfernen und wegwerfen.*
*Das Gericht mit Koriander bestreuen, mit Zitronenscheiben garnieren und sofort servieren. Dazu reicht man Bratkartoffeln und einen kräftigen Rotwein.*

Dieses recht ungewöhnliche Gericht wird in Portugal auf verschiedene Weise zubereitet. Mal kommt es scharf, mit *Piri-piri* gewürzt, oder eher milde, »nur« mit Paprikapulver oder roten Paprikaschoten aromatisiert, auf den Tisch. Wir haben uns für die schärfere Version entschieden, weil die Fleisch-Muschel-Kombination dadurch einen besonders delikaten Geschmack bekommt.
Über die Entstehung dieses Gerichtes kursieren viele Anekdoten.
Die unwahrscheinlichste Geschichte: Die scharf gewürzte Schweinelende mit Muscheln wurde zum ersten Male im alten Schloß von Elvas gekocht, um die spanische Braut eines portugiesischen Königssohnes mit einer Abart der *Paella* zu erfreuen. Das glaubt ernsthaft kein Mensch, schließlich wurde im düsteren, gegen den östlichen Nachbarn mit Festungen bestückten Elvas das bekannte Sprichwort geprägt: »Aus Spanien kommen schlechte Winde, schlechte Ehen und schlechte Kochrezepte.«
Die böseste Geschichte: Das Gericht wurde erdacht, um den christlichen Glaubenseifer zu bekunden, da es sowohl mohammedanischen als auch jüdischen Ernährungsvorschriften widerspricht.
Die wahrscheinlichste Geschichte: Fischerfrauen bereiteten das Gericht erstmals im Hafenstädtchen Sines zu, um ein Überangebot an Muscheln bestmöglich zu verwenden.
Wie auch immer: Die saftige Schweinelende und die würzigen Muscheln gehen in der scharf gewürzten Sauce eine bemerkenswerte Verbindung ein, die sich zu kosten lohnt.

*1 junges Kaninchen*
*Salz, Pfeffer*
*1 Messerspitze Piri-piri oder Cayennepfeffer*
*50 g Schweineschmalz*
*700 ml Fleischbrühe*
*3 EL Olivenöl*
*1 Schalotte*
*1 Knoblauchzehe*
*150 g Speck*
*1/2 grüne Paprikaschote*
*1/2 rote Paprikaschote*
*300 g Rundkornreis*
*200 ml Weißwein*
*1 Messerspitze Safran*
*200 g Knoblauchwurst*
*100 g entsteinte schwarze Oliven*

*Das Kaninchen säubern, enthäuten, in 6–8 Stücke teilen, mit Salz, Pfeffer und Piri-piri oder Cayennepfeffer einreiben, in einer großen, schweren Pfanne in heißem Schweineschmalz rundum anbraten, mit 300 ml Fleischbrühe begießen und 10 Minuten schmoren lassen.*
*Olivenöl in einer feuerfesten Terrine erhitzen, die feingeschnittene Schalotte und die gehackte Knoblauchzehe glasig dünsten, den kleingewürfelten Speck beigeben und kurz mitbraten. Die entkernten, in Streifen geschnittenen Paprikahälften unterrühren, den Reis dazugeben und glasig andünsten. Mit Weißwein und der restlichen Fleischbrühe ablöschen, den in heißem Wasser gelösten Safran sowie die Sauce vom Kaninchenfleisch dazugeben und untermischen. Das Kaninchenfleisch und die in Scheiben geschnittene Knoblauchwurst einlegen und mit der Schmorflüssigkeit übergießen.*
*Terrine zudecken und das Gericht im vorgeheizten Backofen etwa 20–25 Minuten schmoren. Der Reis sollte noch leicht flüssig und körnig sein, wenn man ihn aus dem Ofen nimmt. Eventuell etwas Brühe nachgießen.*
*Den Kaninchenreis mit Oliven bestreuen und in der Terrine servieren.*

# Arroz de coelho

Kaninchenreis

Das Wildkaninchen, lateinisch *Oryctolagus cuniculus*, ein Mitglied der Hasenfamilie, aber mit kürzeren Hinterbeinen und kleineren Ohren als der Echte Hase, suchte sich nach den Schrecken der Eiszeit die Iberische Halbinsel und die Atlasländer als Lebensraum aus.
Lange bevor vornehme Damen im Römischen Reich mit Vorliebe Kaninchenfleisch aßen, um einen schönen Teint zu bekommen, schätzten bereits die Iberer die enorm fruchtbaren Nager. Damals waren die Tiere noch alle wild, die Domestikation erfolgte wahrscheinlich zwischen dem 6. und dem 10. Jahrhundert in westfränkischen Klöstern. Die ersten in Deutschland nachweisbaren Kaninchen kamen 1149 aus Solignac in Frankreich und wurden in der Benediktinerabtei Corvey an der Weser in Käfigen gehalten.
Seither machten die Nagetiere eine abwechslungsreiche Küchenkarriere. Zuerst als begehrte Fastenspeise, dann von der katholischen Kirche, die in den Hasen Träger der Unkeuschheit sah, verboten und letztendlich wegen ihres weißen, mageren Fleisches als kalorienarme Speise wieder besonders begehrt. Kaninchen werden auf mannigfache Weise zubereitet. In Portugal schmort man sie vorwiegend in Fleischbrühe und Wein, und diese Kochmethode bekommt ihnen auch am besten.

*4 junge Tauben*
*Pfeffer*
*60 g Butter*
*200 g durchwachsener Räucherspeck*
*300 g kleine Zwiebeln oder Schalotten*
*1/4 l trockener Weißwein*
*400 g frische grüne Erbsen*
*Salz*
*1 Prise Zucker*
*2 EL gehackte Petersilie*

*Die küchenfertig vorbereiteten Tauben mit etwas Pfeffer einreiben und beiseite legen. Die Butter erhitzen, den kleingewürfelten Speck glasig braten, die geschälten, ganzen Zwiebeln einlegen und anbraten. Dann Speck und Zwiebeln herausnehmen, gut abtropfen lassen.*
*Die Tauben in das Speckfett legen und bei mehrmaligem Wenden 20 Minuten braten. Mit Weißwein ablöschen. Zwiebeln, Speck und Erbsen zu den Tauben geben. Salz und 1 Prise Zucker einstreuen. Den Topf gut schließen und das Gericht 30 Minuten garen.*
*Die Tauben herausnehmen und im heißen Backofen knusprig werden lassen. Die Erbsen und das Zwiebelgemüse mit Pfeffer und Petersilie würzen, auf einer vorgewärmten Platte anrichten und die Tauben darüberlegen.*

# Pombos à alentejana

Tauben nach Art des Alentejo

Es hat schon seinen Sinn, wenn man in Gemüseläden selten frische Erbsen kaufen kann. Die grünen Früchte schmecken nur gut, wenn sie innerhalb eines Tages geerntet, gekocht und gegessen werden. Sie längere Zeit nach dem Pflücken in den Schoten zu belassen oder sie ausgehülst aufzubewahren würde sie verderben, da die frischen Erbsen schon nach wenigen Stunden oxydieren und sauer schmecken. Im Alentejo kochen deshalb die Hausfrauen ihre Täubchen nur dann, wenn sie die grünen Schoten gerade im eigenen Garten geerntet haben.
Wer nicht in der glücklichen Lage ist, Gemüse selbst anbauen zu können, der verwende am besten Tiefkühlerbsen, die zum richtigen Zeitpunkt geerntet, ausgehülst, gewaschen, blanchiert und eingefroren wurden.

*24 Stangen grüner Spargel*
*Salz*
*150 g Brotkrumen*
*6 Eigelb*
*1 EL feingehackte Petersilie*
*3 EL Olivenöl*
*150 g durchwachsener Speck in sehr dünnen Scheiben*
*1 Chouriço oder geräucherte, mit Paprika gewürzte Schweinefleischwurst*

*Die holzigen Spargelenden abschneiden, die Stangen in kochendes Salzwasser einlegen, bißfest kochen, aus dem Kochwasser heben, abtropfen lassen und die Stangen in etwa 2 cm große Stücke schneiden. In einer Schüssel Brotkrumen, Eigelbe und Petersilie vermischen, die Spargelstücke einlegen und etwas Kochwasser angießen. Das Olivenöl in einer flachen Pfanne erhitzen und den in hauchdünne Scheiben geschnittenen Speck einlegen. Sobald er glasig wird, gibt man die Spargelstücke zu und läßt die Masse bei geringer Hitze eindicken. Wurst 10 Minuten kochen und in Scheiben schneiden.*
*Den Spargel auf einer vorgewärmten Platte anrichten, mit Wurstscheiben garnieren und servieren.*

# Espargos com ovos

Spargel mit Eiern

Der Schriftsteller und weitgereiste römische Offizier Gajus Plinius Secundus schrieb in seiner erhaltengebliebenen *Naturalis historia* (Naturgeschichte): »Die Natur hat den Spargel wild wachsen lassen, so daß jedermann ihn nach Lust und Laune einsammeln kann.« Das war nicht nur als Feststellung, sondern auch als Tadel gedacht. Ärgerlich äußerte er sich über die Versuche der tüchtigen Bauern von Ravenna, das der Venus geweihte Lieblingsgemüse von Julius Cäsar in immer neuen Sorten zu züchten. Die Römer ließen sich indes vom offensichtlichen Hang des Plinius zur Natürlichkeit und Sparsamkeit nicht anstecken, sie liebten die von Gärtnern angebauten Spargelstangen, die gar bald zu den teuersten Delikatessen zählten, und sie schätzten sie am meisten, wenn sie besonders dick und zart hellgrün waren.

Der alte Plinius hätte aber noch heute seine Freude an den Hausfrauen des Alentejo. Sie verwenden für *Espargos com ovos* den »wilden Spargel«. Dieser *Espargo bravo*, der im Frühling in sandigen Flußlandschaften Südeuropas wächst, kommt im Geschmack dem grünen Spargel am nächsten. Im Gegensatz zu den weißen Stangen, die kein Tageslicht gesehen haben, ehe sie gestochen werden, dürfen die grünen etwa 15 Zentimeter aus der Erde wachsen, bis ihre jungen, zarten, violetten Spitzen im strahlenden Sonnenlicht Chlorophyll aufbauen und sich grün färben.

Der früher bei uns noch eher seltene grüne Spargel, der, um eine entsprechende Qualitätsnorm zu erreichen, zu mindestens einem Drittel von grüner Farbe sein muß, kommt heute vielfach aus Ungarn und Italien zu uns, wird aber auch schon in kleineren Mengen in Deutschland gezüchtet.

*800 g grüne Bohnen*
*150 g Mehl*
*2 Eier*
*1 kleine Zwiebel*
*Salz*
*Pfeffer*
*200 g roher Schinken in sehr dünnen Scheiben*
*Öl zum Ausbacken*

*Die Bohnen putzen, die Enden entfernen, gegebenenfalls die Fäden ziehen und die Bohnen in Salzwasser halbgar kochen. Gut abtropfen lassen.*
*Aus Mehl, Eiern, der kleingehackten Zwiebel, Salz, Pfeffer und etwas Wasser einen Backteig zubereiten.*
*Jeweils 2-3 Bohnen mit 1 Schinkenscheibe umwickeln, die Bündchen durch den Backteig ziehen und im Öl goldbraun backen.*
*Bohnen auf einem saugfähigen Küchenpapier gut abtropfen lassen und rasch servieren, solange sie noch heiß sind.*

# Peixinhos da horta

Bohnen in Backteig

Die von schmalen Schinkenstreifen zusammengehaltenen, in Teig gehüllten und gebackenen grünen Bohnen werden entweder als kleine Vorspeise, als Beilage zu Fleisch oder mit reichlich *Presunto* als eigenständiges Gericht angeboten.
*Peixinhos da horta*, wörtlich übersetzt »Gartenfischlein«, strafen alle die Lügen, die behaupten, Gemüsegerichte seien langweilig und einfallslos. Wo immer das so ist, liegt es an der Phantasielosigkeit von Rezepten und – was die Bohnen betrifft – am Widerstand vieler Gärtner, Hülsenfrüchte zu einem Zeitpunkt zu pflücken, an dem sie noch jung und fein sind. In den ländlichen Bereichen des Alentejo, wo die Hausfrauen ihre Bohnen frisch aus dem Garten holen, ist das weniger problematisch. Wir verwenden für die »Gartenfischlein« am besten jung geerntete *Haricots verts*, die nicht länger als zwölf Zentimeter sind. Wichtig ist, daß man die Hülsenfrüchte in sprudelnd kochendes Salzwasser legt, den Topf nicht zudeckt und die Bohnen spätestens dann vom Herd nimmt, wenn sie noch knakkig sind, da sie durch das Backen noch weiter gegart werden.

Natürlich kann man für dieses Gericht auch tiefgefrorene ganze Bohnen verwenden, wenn man die nötige Kochzeit dabei genau im Auge behält. Will man Peixinhos da horta als reine Gemüsebeilage zu Fleisch reichen, kann man auf den Schinken verzichten und die grünen Päckchen beispielsweise mit einem Schnittlauchstengel zusammenbinden, damit sie beim Eintauchen in den Teig nicht auseinanderfallen.

*1 Tasse Honig*
*2 Tassen Pinienkerne*
*1/2 TL Zimt*
*Oblaten*

*Honig in einen Kupfertopf geben und möglichst kurz aufkochen lassen. Die Pinienkerne sowie den Zimt hinzufügen und ständig rühren, bis die Kerne völlig mit Honig umhüllt sind.*
*Ein Backblech mit kaltem Wasser abspülen und die Pinienmasse aufstreichen, trocknen lassen, in Würfel schneiden und auf passend zugeschnittene Oblaten setzen.*

# Pinhoadas

Pinien-Honig-Plätzchen

In südlichen Ländern liegt häufig der Geruch von Harz in der Luft. Das liegt auch an den Pinien, die an manchen Stränden schwarz wie Sonnenschirme gegen den strahlend hellen Himmel stehen. Nach Harz riechen und schmecken die Samenkerne der Bäume, die aus den Mittelmeerländern als *Pignolen* oder *Pignoli* zu uns in den Handel gelangen. Sie sind bereits von der dicken Schale und der inneren Samenhaut befreit und sollen als Zeichen ihrer Frische glänzend weiß sein. Da die Kerne sehr empfindlich sind, spielt eine trockene, kühle, gut durchlüftete Lagerung eine große Rolle. Man kaufe sie daher unbedingt frisch ein und lagere sie auch zu Hause nicht über eine längere Zeitspanne. Übrigens verzehrten schon die alten Griechen und Römer begeistert Piniennüsse und -kerne, offensichtlich in so reichem Maße, daß sie schließlich knapp und teuer wurden und nur noch als kostbares Gewürz Verwendung fanden. Nach dem römischen Kochbuch des Apicius dienten sie zur Verfeinerung von lukanischen Würsten, von Ragouts und Saucen, für Wildschweingerichte und gekochte Haselmäuse.

# Algarve

*Al-Gharb*, Westen, tauften die Mauren das Land mit dem roten Boden, den kantigen Küsten, den meerumspülten Felsentorsi, den grünen Lagunen und den vergessenen, unfruchtbaren Gebirgszügen. Portugals Süden war für sie der ferne Westen, das windumtoste Cabo de São Vicente der äußerste Punkt gegen Sonnenuntergang, den sie jemals erreicht haben.
Wo der Kontinent in einer sturmgepeitschten, steinigen Einöde zu Ende geht, fand auch der atemlose Marsch der Araber unter dem Banner Allahs seinen Abschluß. Doch sie kamen, sahen, siegten und blieben. Der schönste Küstenstreifen Portugals, längst von Phöniziern, Karthagern, Kelten, Römern und Westgoten entdeckt, wurde für 500 Jahre ein Teil ihrer Heimat, die sie in jeder Hinsicht zum Blühen brachten.
Zwar exportierten Phönizier schon vor rund 3 000 Jahren gepökelte Fische von der Algarve-Küste, zwar brachten die Römer Bäume und Pflanzen aus Italien mit, doch erst die Mauren vervollkommneten die Bewässerungstechnik, die Kunst der Olivenölgewinnung, sie setzten jene Mandelbäume, die schon im Januar die Hügel mit einem weiß-rosa Schleier überziehen, pflanzten Zuckerrohr, Reis, Orangenbäume, kultivierten die Feigen und verwandelten das Land in den Ebenen zwischen Gebirge und Meer in einen üppigen Garten, in dem auch Kultur und Wissenschaft zu einer frühen Blüte gelangten.
Seit der Mitte des 13. Jahrhunderts ist der schmale Küstenstrich portugiesisch. Das Land behielt jedoch einen arabisch-nordafrikanischen Schleier zurück: kubische, weiße, verschachtelte Häuser wie kleine Festungen, spitzenartig durchbrochene Schornsteine, verwinkelte, enge Gassen.
Es hat den Anschein, als hätten die Menschen in Portugals Süden diese Welt als beengend empfunden, jedenfalls wurden im Algarve-Ort Sagres, unweit der Einsamkeit am Cabo de São Vicente, die Weltentdeckungen in Heinrichs Seefahrerschule vorausgeplant, in den Werften entstanden die berühmten Karavellen.
Von hier gingen jene Anstöße aus, die Portugal zu einem Weltreich formten, seine Menschen in alle Welt zerstreuten, seine Küche auf vielfältige Weise beeinflußten.
Die Bewohner unterteilen ihr Land in *Baixo Algarve* und *Alto Algarve*. Baixo Algarve, das Dorado der Touristen, zerfällt in *Barlavento*, die windumtoste Felsen-Algarve zwischen Faro und Cabo de São Vicente, und *Sotavento*, die Sand-Algarve zwischen Rio Guadiana und Faro. Alto Algarve, das Hügelland und die Serra de Monchique trennen das Land vom Norden ab, geben ihm Schutz, einen eigenen, unverwechselbaren Charakter und Isolation.
An der Algarve herrscht eine mediterrane Küche vor – in Privathäusern ebenso wie in den Hotels. Sie bedient sich ihrer traditionellen Gewürze und Zubereitungsarten, vergißt darüber jedoch nie das Besondere.
Auffallend ist die Fülle an *Petiscos*, kleinen Vorspeisen: Man hat die Wahl zwischen *Amêijoas na cataplana*, Muscheln in der von Arabern erfundenen, zusammenklappbaren Metallpfanne, *Azeitonas de sal*, marinierten, gesalzenen Oliven, *Estopeta de atum*, Thunfischsalat, allerlei Leckerbissen aus *Lulas*, Tintenfischen, und *Caracóis*, Schnecken mit Estragon.
Unter den Suppen ragen die *Canja de conquilhas* mit Muscheln, die vielen *Caldeiradas* und die *Sopa de lebre*, eine Wildhasensuppe, heraus.

Bevorzugen Sie Fische oder Meeresfrüchte? Dann haben Sie die Auswahl aus *Bifes de atum*, marinierten Thunfischscheiben, *Linguado*, Seezunge mit Krabbenfüllung, *Escabeche de peixe*, eingelegtem Fisch, *Carapaus grelhados*, über Holzkohle gegrillten Stichlingen, oder *Espetada de mariscos e lulas*, Krustentieren und Tintenfischen am Bratspieß.

Auch Reisgerichte werden mit Langusten, Muscheln und Tintenfischen verfeinert. Der Geruch des Meeres ist wie ein allgegenwärtiges Gewürz, und man sagt, die *Cataplana* sei erfunden worden, um das Aroma der Ozeane zu konservieren.

Die Rezepte für Fleisch- und Geflügelgerichte übernahmen die *Algarvios* häufig aus dem Alentejo, unter anderem schätzt man in Portugals Süden das *Lombo de porco com amêijoas à alentejana*, das Schweinefleisch mit Muscheln. Aber natürlich wird Wert darauf gelegt, Hähnchen und Rebhühner, Kaninchen, Lamm- und Wildschweingerichte mit der eigenen Schinkenspezialität, dem *Presunto* aus der Serra de Monchique, zu vervollkommnen.

Beinahe unwiderstehlich sind die süßen Desserts, die Marzipanköstlichkeiten in Form von Tieren und Früchten, die volkstümlichen *Dom Rodrigos* und *Morgados*, die Mandel- und Feigenspezialitäten, die Blätterteigkuchen von Olhão, das Honiggebäck, die Kuchen aus süßen Kartoffeln und die Karamelbonbons von Tavira.

Bei so vielen Genüssen dürfen die Weine von Lagoa, Lagos, Tavira und der Branntwein *Medronho* aus den Früchten des Erdbeerbaumes nicht fehlen.

## Canja de conquilhas

Muschelsuppe mit Reis

*5 Dutzend Stab- oder Miesmuscheln*
*1 Zwiebel*
*2 Lorbeerblätter*
*1 Petersilienzweig*
*4 EL Olivenöl*
*2 Schalotten*
*1 Lauchstange*
*2 Karotten*
*1 Knoblauchzehe*
*1 Messerspitze Safran*
*Salz*
*Pfeffer (Mühle)*
*40 g Reis*
*2 Eigelb*
*2 EL Zitronensaft*
*1 Bund Petersilie*

*Die Muscheln reinigen, gut waschen und in kochendem Wasser mit der feingeschnittenen Zwiebel, den Lorbeerblättern und der Petersilie so lange kochen, bis sie sich öffnen. Die Muscheln vom Feuer nehmen, auslösen und beiseite stellen. Muschelbrühe durch ein Sieb gießen.*
*Olivenöl erhitzen, die Schalotten fein hakken und glasig braten, Lauch und Karotten in feine Streifen schneiden, zusammen mit der kleingehackten Knoblauchzehe hinzufügen und alles kurz andünsten.*
*Mit etwas Muschelbrühe ablöschen und weitere 4 Tassen Muschelbrühe angießen. Die Suppe mit Safran würzen, salzen, pfeffern, kurz aufkochen lassen, den Reis hinzufügen und 18–20 Minuten garen lassen. Eigelbe mit Zitronensaft verrühren, die vom Herd genommene Suppe damit binden und heiß, mit gehackter Petersilie garniert, servieren.*

In vielen Teilen der Welt werden Muschelsuppen gekocht. Meist unterscheiden sie sich lediglich durch die Wahl der Gewürze und der Gemüse voneinander. Kaum eine läßt sich jedoch die Muscheln selbst entgehen. Die *Canja de conquilhas* aus der Algarve aber verzichtet auf die Meeresfrüchte in der Suppe und bezieht ihren Geschmack nur vom Muschelsud. Die Schalentiere werden, nachdem man sie in der Brühe gekocht hat, ausgelöst und für weitere Gerichte beiseite gestellt.

Das ist im Grunde genommen schade. Daher können Sie die ausgelösten Muscheln ohne weiteres zurück in die Suppe geben oder sie zumindest als Suppenbeilage auf frischem Toast servieren.

Ein besonders leckeres kleines Gericht entsteht auch, wenn man die gekochten, ausgelösten Muscheln in ein Kupferpfännchen mit warmer Butter legt, sie mit dem Saft einer Knoblauchzehe, mit Zitronensaft, Pfeffer und gehackter Petersilie würzt und gut durchbrät. Die Muscheln werden zurück in die Schalen gelegt, mit Paniermehl bestreut und im vorgeheizten Ofen kurz überbacken.

*Algarvios* verwenden für die Suppe Stabmuscheln, man kann sie jedoch ohne weiteres mit Miesmuscheln oder mit den kleinen, wohlschmeckenden *Bouchots* aus dem Atlantik zubereiten.

## Sopa de lebre

Wildhasensuppe

*2 kleine Wildhasenrücken*
*4 EL Olivenöl*
*100 g Gemüsewürfel (Karotten, Sellerie)*
*300 ml Weißwein*
*250 g Speck*
*2 Zwiebeln*
*1 Lorbeerblatt*
*Thymian*
*Basilikum*
*4 Tassen Fleischbrühe*
*Salz*
*Pfeffer (Mühle)*
*Piri-piri oder Cayennepfeffer*
*4 Mischbrotscheiben*
*2 EL grobgehackte Petersilie*

Die Wildhasenrücken auslösen und das Fleisch in mundgerechte Würfel schneiden. Die Hasenknochen zerkleinern und in 2 EL Olivenöl scharf anbraten. Gemüsewürfel hinzugeben und ebenfalls anbraten. Mit 100 ml Weißwein ablöschen und den Wein zur Hälfte einkochen lassen.
Den Speck kleinwürfeln und in einem Topf goldbraun braten. 2 EL Olivenöl und die feingeschnittenen Zwiebeln dazugeben, kurz schmoren. Die Hasenstücke einlegen, von allen Seiten gut anbraten, den Bratfond von den Knochen dazugeben und den restlichen Weißwein angießen. Lorbeerblatt, Thymian und Basilikum beifügen und bei schwacher Hitze köcheln lassen, bis die Hasenfleischstücke fast gar sind. Die Fleischbrühe angießen, das Hasenfleisch fertiggaren und die Suppe mit Salz, Pfeffer und Piri-piri oder Cayennepfeffer würzen. Je 1 Brotscheibe in einen Suppenteller legen, Hasenfleischwürfel darübergeben, die Brühe durchseihen und in die Tassen gießen. Mit gehackter Petersilie bestreuen.

Wenn es um ihre Wildhasensuppe geht, sind sich die *Algarvios* uneinig. Zwar zweifelt kein Koch daran, daß der Hase in viel Wein baden muß, damit eine würzige Suppe daraus wird, doch damit enden die Gemeinsamkeiten bereits. In vielen bäuerlichen Haushalten wird die *Sopa de lebre* nicht aus den ausgelösten Rücken, sondern aus den ganzen Hasen gekocht. Ist das Fleisch gar, legt man es für ein zweites Gericht zur Seite, und die Suppe wird ohne Fleischeinlage serviert.
Bringt ein Jäger die Beute nach Hause, wird der Hase abgehäutet und ausgenommen. Die Köchin bewahrt das Blut häufig auf und rührt es, vermischt mit etwas Brühe, am Ende des Kochvorgangs langsam in die Suppe ein.
Für eine andere Art der Sopa de lebre wird zunächst Hasenpfeffer in Wein gekocht, das Fleisch daraufhin durch den Fleischwolf gedreht und durch ein Tuch gestrichen. Anschließend vermischt man das passierte Fleisch mit der Sauce des Hasenpfeffers, gießt ausreichend heiße Brühe an und serviert die Wildhasensuppe mit frisch gerösteten Brotstückchen.

Unser Rezept entspricht der verfeinerten Version einer traditionellen Zubereitungsmethode der Hasensuppe im Alto Algarve.

*300 g Presunto- oder Parmaschinken in dünnen Scheiben*
*8 frische Feigen*
*1 Orange*
*1 Papaya*
*1 TL Zitronensaft*
*2 EL Olivenöl*
*4 EL trockener Portwein*
*schwarze Pfefferkörner*
*grobes Salz*
*frische Minzblätter*

# Presunto à algarvia

Rohschinken mit Früchten

*Schinkenscheiben tütenförmig falten und Portionsteller zur Hälfte damit belegen. Die Feigen gut waschen, trockentupfen, in Scheiben schneiden. Orange schälen, entkernen und ebenfalls in Scheiben schneiden. Die Papaya halbieren, entkernen, schälen, in dünne Scheiben schneiden und mit Zitronensaft beträufeln. Das Obst gefällig neben dem Schinken arrangieren. Aus Öl, Portwein, Pfefferkörnern und Salz eine Marinade rühren und den Schinken und die Früchte damit beträufeln. Minzblätter darüber streuen und mit frischem Weißbrot servieren.*

Dieser delikate Vorspeisenteller ist eine portugiesische Variante der italienischen Spezialität *Prosciutto con melone*, Melone mit Schinken, und sieht mindestens ebenso verführerisch aus.

Die Feigen aus der Algarve passen wunderbar zum berühmten *Presunto* aus der Serra de Monchique. Leider werden die Früchte bei uns nur im September und Oktober frisch angeboten, und da sie sehr empfindlich sind, müssen sie auch schnell zubereitet werden.
Portugiesische Eroberer stießen zum erstenmal auf Papayas, als sie im heutigen Staat Brasilien an Land gingen, um die vermeintliche Ilha da Vera Cruz im Namen ihres Königs in Besitz zu nehmen. Da sie jedoch vorwiegend an Gold und Gewürzen interessiert waren, übersahen sie diese länglichen, melonenähnlichen Früchte, die in Trauben am Stamm des Melonenbaums wachsen. Erst sehr viel später, als Brasilien sich längst von seiner kolonialen Vormacht getrennt hatte, entsannen sich die Portugiesen der verlorenen Früchte. Papayas kommen meist grün auf den Markt, sind aber erst reif, wenn sie außen grüngelb sind und das Fruchtfleisch goldgelb bis orangefarbig geworden ist. Die zahlreichen kleinen schwarzen Kerne sind ungenießbar und müssen vor der Zubereitung vorsichtig ausgeschabt werden.
Die an den Vitaminen A und C reichen Früchte sind in den Obstgeschäften immer häufiger zu finden. Ihr geringer Kaloriengehalt macht sie zum idealen Verbündeten für figurbewußte Feinschmecker.

*200 g Octopus*
*Salz*
*5–6 schnittfeste Tomaten*
*2 grüne Paprikaschoten*
*4 gesalzene Sardellen*
*1 Zwiebel*
*6 EL Olivenöl*
*1 EL Rotweinessig*
*Pfeffer*
*Oregano*

*Octopus in Salzwasser weich kochen, unter kaltem Wasser abspülen, gut abtropfen lassen und in kleine Stücke schneiden. Die Tomaten grillen oder im Backofen braten, enthäuten und in Scheiben schneiden.*
*Die Paprikaschoten in den vorgeheizten Backofen legen und braten, bis sich die Haut braun färbt. Anschließend kurz auskühlen lassen, schälen und in schmale Streifen schneiden.*
*Die Sardellen waschen, entsalzen, trockentupfen und in kleine Stücke schneiden.*
*Die Zwiebel in feine Ringe schneiden.*
*In einer Salatschüssel Tomatenscheiben, Paprikastreifen, Octopus- und Sardellenstücke sowie Zwiebelringe mischen und mit Öl und Essig marinieren.*
*Den Salat 1 Stunde kühl stellen, nochmals durchmischen und mit wenig Salz, Pfeffer und Oregano würzen.*

# Salada de tomate assado

Tomatensalat

Salate spielten in der portugiesischen Küche bis vor kurzem keine herausragende Rolle. Erst seit wenigen Jahren bringen die Köche in den Fremdenverkehrsorten mehr und mehr der leichten und gesunden Kreationen auf den Tisch. Meist tragen sie eine bodenständige Note, so wird etwa die *Salada de tomate assado* an Ort und Stelle neben Octopus und Sardellenfilets auch mit Thunfisch, gekochten Garnelen oder Muscheln, mit Tintenfischringen oder gebratener Seezunge, mit Kartoffeln, Oliven oder dem berühmten *Presunto-Schinken* aus der Algarve angereichert.

Allein die Zutaten machen diesen Salat bereits zum eigenständigen Gericht, wobei es gleichgültig ist, ob er als Vorspeise serviert wird, als kleine Mahlzeit in der Mittagshitze auf den Tisch kommt oder, zusammen mit frischem Weißbrot und gesalzener Butter, als Abendessen genossen wird: Ein frischer Salat ist nie verkehrt.

Der Octopus, der in diesem Rezept Verwendung findet, wird bei uns meist als Tiefkühlware angeboten. An der Algarve lebt der hell- bis dunkelbraune Krake in den Felsspalten und Grotten des Barlavento. Dort lauert er auf Krebstiere, die er mit seinen acht ungemein beweglichen Armen, die mit Saugnäpfen bestückt sind, einfängt. Schön ist der *Octopus vulgaris* oder Gewöhnliche Krake gewiß nicht, doch das Fleisch ganz junger Tiere ist ausgesprochen schmackhaft.

# Amêijoas na cataplana

Muscheln in der Cataplana

*1,5 kg Sand- oder Herzmuscheln*
*grobes Meersalz*
*2 EL Olivenöl*
*2 mittelgroße Zwiebeln*
*1 TL Rosenpaprika*
*1 Messerspitze Piri-piri oder Cayennepfeffer*
*schwarzer Pfeffer (Mühle)*
*100 g Chouriço oder geräucherte, mit Paprika gewürzte Knoblauchwurst*
*100 g Presunto- oder Parmaschinken*
*2 geschälte Tomaten*
*1 EL feingehackte Petersilie*
*1–2 Knoblauchzehen*
*1 Lorbeerblatt*
*1/8 l Weißwein*
*1 EL kleingehackter Koriander*

*Muscheln unter fließendem Wasser säubern, in eine Schüssel legen, grobes Meersalz darüberstreuen und zur Seite stellen. In einer schweren, flachen Pfanne Öl erhitzen, die in dünne Ringe geschnittenen Zwiebeln darin anbraten. Pfanne vom Herd nehmen, Paprika, Piri-piri oder Cayennepfeffer und schwarzen Pfeffer unter die Zwiebeln mischen und kurz ziehen lassen. Die in Scheibchen geschnittene Wurst, den gewürfelten Schinken, die kleingehackten Tomaten, die Petersilie, die Knoblauchzehe(n) und das Lorbeerblatt hinzufügen, Wein angießen und kochen lassen, bis die Flüssigkeit weitgehend reduziert ist. Muscheln nochmals waschen, abtrocknen, in die Pfanne legen, den Deckel schließen und alles zusammen noch etwa 10–12 Minuten bei mittlerer Hitze schmoren, bis sich die Schalen der Muscheln öffnen. Mit frisch gehacktem Koriander bestreuen und servieren.*

Die *Cataplana* ist ein seit undenklichen Zeiten an der Algarve verwendeter Kochtopf in Form einer großen Muschelschale. Sie besteht aus zwei Hälften gleicher Größe, die mit einem Scharnier zusammengefügt sind und mittels eines Federhakens luftdicht verschlossen werden können. Der Ursprung dieser früher zumeist aus Eisen gefertigten Pfanne liegt im dunkeln, sie kam wohl mit den Mauren ins Land und hat inzwischen rund ein Jahrtausend überdauert.

Die Cataplana wird heute nicht mehr allzuoft verwendet, was im Grunde genommen schade ist, denn in keiner anderen Pfanne verbindet sich der Eigengeschmack der geräucherten Wurst, des Schinkens und der Muscheln so prächtig mit der Knoblauch-Tomaten-Sauce wie in diesem luftdicht verschlossenen Kochgefäß.

Bei manchen Ausführungen ist es sogar möglich, die Cataplana beidseitig auf die Platte zu stellen, was die Kochdauer nicht unerheblich reduziert. Natürlich kann man die Muscheln auch in einem anderen Topf zubereiten. Am besten eignet sich dafür eine flache Pfanne mit einem ungefähr zehn Zentimeter hohen Rand, einem dicken, festen Boden und einem gut und exakt schließenden Deckel.

*800 g kleine, küchenfertige Tintenfische*
*3 EL Olivenöl*
*2 Schalotten*
*1 Knoblauchzehe*
*300 ml trockener Weißwein*
*200 g Tomaten*
*40 g Butter*
*200 g Pilze*
*Salz*
*Pfeffer (Mühle)*
*1 Bund Petersilie*
*1 TL Zitronensaft*

# Lulas à moda do Portimão

Tintenfische nach Art von Portimão

*Tintenfische gut waschen und in Stücke schneiden. Das Olivenöl in einer großen Pfanne erhitzen, die gehackten Schalotten und die zerdrückte Knoblauchzehe glasig braten, die Tintenfischstücke zugeben, mit Weißwein ablöschen und etwa 10 Minuten köcheln lassen.*
*Die Tomaten überbrühen, schälen, kleinwürfeln und dazugeben. Butter erhitzen, die feinblättrig geschnittenen Pilze kurz durchrösten und zu den Tintenfischen geben.*
*Das Gericht zudecken und bei mittlerer Hitze köcheln lassen, bis die Tintenfischstücke gar sind. Mehrmals umrühren. Kurz vor dem Ende der Kochzeit mit Salz und Pfeffer würzen. Vor dem Servieren kleingehackte Petersilie beigeben und mit Zitronensaft abschmecken.*

Portimão, der wichtigste Fischereihafen der Algarve, liegt an der Westseite der breiten Mündungsbucht des Rio Arade. Die Stadt ist uralt, und schon seit undenklichen Zeiten laden die Fischer ihren nächtlichen Fang frühmorgens am Hafen aus. Auch heute noch ankert hier die Flotte der Sardinenkutter, wimmelt es am Strand und am Fischmarkt von Verkäufern und Käufern: überall Geschrei, Gerüche, schwarz verhüllte Frauen, die Sardinen ausnehmen und salzen.
Der Fang der Tintenfische geschieht häufig noch mit *Alcatruzes*, vielen zusammengebundenen Tonkrügen, die auf den Meeresgrund abgesenkt werden. Erst nach vielen Monaten holt man sie wieder nach oben, »mit allem, was in die Krüge ging«.
Die Ausbeute an Tintenfischen ist noch immer reichlich, und die Kopffüßer mit dem eiweißreichen Fleisch finden sich daher in fast jedem traditionellen Restaurant an der Algarve. Sie werden gefüllt (Seite 102), gegrillt oder gebacken, sie kommen als *Caldeirada de lulas*, Tintenfischeintopf, als *Espetada de lulas*, Grillspießchen, an denen abwechselnd Tintenfischringe, Schinkenstücke und Zwiebeln stecken, oder als *Lulas com ferrado*, mit Fangarmen und Tinte gefüllt, auf den Tisch.
Unser Gericht erhält durch die Pilze eine ganz eigene Nuance. Die Wahl der jeweiligen Sorte bleibt dem aktuellen Marktangebot überlassen. Gut eignen sich Steinpilze, kleine Pfifferlinge, aber auch Austernpilze und Champignons. Stehen keine frischen Pilze zur Verfügung, kann man auch auf tiefgefrorene oder getrocknete Ware zurückgreifen.

*4 Scheiben frischer Thunfisch
(je etwa 200 g)*

*Für die Marinade:
1/2 l Weißwein
2 TL Zitronensaft
4 geschälte, kleingewürfelte Knoblauchzehen
2 Lorbeerblätter
Salz
Pfeffer*

*100 ml Olivenöl
3 Zwiebeln
1 grüne Paprikaschote
1 rote Paprikaschote
1 EL gehackte Petersilie*

*Thunfischscheiben in eine flache Schüssel legen, mit der Marinade aus den angegebenen Zutaten übergießen, mit Folie bedecken und 2–3 Stunden kühl stellen.
Olivenöl erhitzen, die aus der Marinade genommenen und mit Küchenkrepp gut abgetrockneten Fischscheiben einlegen, auf beiden Seiten goldbraun braten, herausnehmen und warm stellen.
Die in feine Ringe geschnittenen Zwiebeln und die in sehr schmale Streifen geschnittenen Paprikaschoten im heißen Olivenöl anbraten, die Fischstücke wieder einlegen und mit der Hälfte der Marinade übergießen. Die Pfanne mit Alufolie bedecken und die Thunfischscheiben im vorgeheizten Backofen etwa 8–10 Minuten schmoren. Nach der halben Garzeit die Folie entfernen.
Fisch aus dem Backofen nehmen, mit gehackter Petersilie bestreuen und auf vorgewärmten Tellern servieren.*

# Bifes de atum

Marinierte Thunfischscheiben

Einst gehörte die Jagd auf den Thunfisch vor der Algarve-Küste zu den großen Ereignissen des Jahres. Dörfer, ja ganze Landstriche lebten von den mächtigen Makrelenfischen, die in die Fangnetze und unter die Harpunen der *Pescadores* (Fischer) gerieten.
Alljährlich zwischen April und August kamen die Thunfische auf ihrem langen Zug vom Atlantik ins Mittelmeer dicht an der Algarve-Küste vorüber. Sie schwammen ins Verderben, dem blutigen Spektakel der *Tourada marítima*, dem Stierkampf der See, entgegen. Viele konnten den mächtigen Fangnetzen nicht ausweichen, den lauernden Fischern nicht entkommen. Sie wanderten nach dem abrupten Ende ihrer gefährlichen Reise in die Fabriken oder in die Küchen der Restaurants und Hotels.
Nun sind die großen Züge der Thunfische an der Algarve versiegt. Vielleicht ist Überfischung daran schuld, vielleicht scheuten die Tiere vor der touristisch und laut gewordenen Küste zurück, vielleicht war ihnen das Wasser nicht mehr sauber genug, vielleicht haben sie ihre jahrtausendealten Wandergewohnheiten einfach verändert und fallen auf den Trick mit den stationären Netzen nicht mehr herein.
Es gibt viele Theorien, aber keine Gewißheit. Mittlerweile mußten sich die *Algarvios* damit abfinden, daß die so beliebten Speisefische mit dem feinen, schmackhaften Fleisch viel seltener in ihren Netzen zappeln.

*1,2 kg Fischfilets*

*Für die Marinade:*
*4 Zwiebeln*
*300 ml Olivenöl*
*100 ml Weinessig*
*200 ml Weißwein*
*15 schwarze Pfefferkörner*
*2 Lorbeerblätter*
*1 Knoblauchzehe*
*Saft 1 Zitrone*
*Salz*

*60 g Butter*

*Fischfilets in etwa daumendicke Scheiben schneiden.*
*Den Boden einer feuerfesten Form mit Zwiebelringen auslegen. Olivenöl, Essig, Wein und etwas Wasser gut vermischen und über die Zwiebelringe gießen. Pfefferkörner, Lorbeerblätter, die zerdrückte Knoblauchzehe, Zitronensaft und Salz beigeben und die Marinade 10–15 Minuten gut durchkochen.*
*Die Fischscheiben in Butter anbraten, dann in die Marinade einlegen und bei geringer Hitze garen. Topf vom Feuer nehmen, den Fisch in der Marinade auskühlen lassen, 2–3 Tage kühl stellen und als kleine Mahlzeit an heißen Sommertagen servieren.*

# Escabeche de peixe

Marinierte Fischfilets

An heißen Tagen ist dieser Fisch *em escabeche*, in der Marinade, eine herrlich leichte, kalte Mahlzeit oder eine Vorspeise für Genießer. Frisches, ofenwarmes Weißbrot und ein kühles Glas Weißwein runden den Genuß ab.

In ganz Portugal bereitet man Fisch im *Molho de escabeche*, in einer Marinadentunke, zu. Je nach Region werden Fluß- oder Seefische wie Alsen, Neunaugen, Forellen, Aale, Makrelen, Thunfische, Seezungen, Rotzungen, Seebarsche und Schwertfische verwendet. Wichtig ist, daß die Fische immer filetiert oder in Scheiben geschnitten werden, weil so die Marinade besonders schnell und leicht einziehen kann.

Wer sich den Molho de escabeche ein wenig farbiger wünscht, kann auch Karotten, Peperoni und Thymian- oder Petersilienzweige beigeben. In ländlichen Küchen macht man sich mit dem marinierten Fisch nicht allzuviel Mühe. Hier legt man Zwiebelringe, Gewürze, Kräuter und die Fischscheiben in einen Tontopf, gießt Olivenöl und Essig an und läßt das Ganze auf schwachem Feuer köcheln.

Wir raten jedoch zur etwas zeitaufwendigeren Version des Rezeptes. Die vorher durchgekochte Marinade und das kurze Anbraten der Fischscheiben, ehe man sie in der Weinmarinade köcheln läßt, verfeinern das Gericht.

*4 Filetsteaks (je 2–3 cm dick)*

*Für die Marinade:*
*2 Knoblauchzehen*
*Salz, schwarzer Pfeffer (Mühle)*
*1/2 Lorbeerblatt*
*1 EL Rotweinessig*

*4 EL Olivenöl*
*2 Knoblauchzehen*
*8 dünne Scheiben Räucherschinken*
*3 EL Rotwein*
*1 TL Zitronensaft*
*30 g Butter*
*1 EL feingehackte Petersilie*
*1 Zitrone*

Steaks auf eine flache Platte legen. Aus Knoblauchzehen, Salz, Pfeffer, Lorbeerblatt und Rotweinessig im Mörser eine Paste herstellen und beidseitig auf den Steaks verstreichen.
Öl erhitzen, die ganzen, geschälten Knoblauchzehen einlegen, braten und herausnehmen. Steaks einlegen, langsam bräunen, wenden, fertigbraten, aus der Pfanne nehmen und warm stellen.
Schinkenscheiben in den Bratfond legen, braten und je 2 Schinkenscheiben auf die Steaks legen.
Überschüssiges Fett aus dem Bratrückstand abgießen, Bratfond mit Wein und Zitronensaft ablöschen und nicht zugedeckt etwas einkochen. Kalte Butter in die Sauce einrühren. Die Sauce über die Steaks gießen, Petersilie darüberstreuen, mit Zitronenscheiben garnieren und sofort servieren.

# Bifes à portuguesa

Beefsteaks nach portugiesischer Art

Erst seit man die unansehnlichen, mageren Algarve-Rinder mit der französischen Charolais-Rasse kreuzte, lohnt sich auch die Viehzucht für die Bauern im Süden Portugals. Mit der Qualitätsverbesserung wuchs auch das Interesse an heimischen Beefsteaks, die bisher weit im Schatten von Schweinefleisch, Zicklein und Geflügel standen.
*Bifes* werden in Portugal auf verschiedene Art zubereitet und verströmen immer einen, oft recht intensiven Knoblauchduft. Man unterscheidet *Bifes com ovo à cavalo*, die mit Spiegeleiern serviert werden, *Bifes à cortador* in einem gut gewürzten Tomatenfond, *Bifes à marrare*, die in Sahne fertigschmoren, *Bifes à café* werden mit Milch zubereitet, und *Bifes de cebolada* garen in einer Zwiebel-Tomaten-Sauce.
Fast immer werden in Portugal zu den Steaks *Batatas douradas* serviert. Dazu schält man Kartoffeln, viertelt sie und kocht sie in Salzwasser gar. Anschließend werden sie, gut abgetropft, in heißem, mit Knoblauch gewürztem Olivenöl braun gebraten.

*2 Knoblauchzehen
12 kleine Lammkoteletts
Salz
Pfeffer
4 EL Olivenöl
1 große Zwiebel
1 dicke Scheibe Räucherschinken
4 geschälte große Tomaten
4 Gewürznelken
2 EL trockener Weißwein
250 g Chouriço oder Knoblauchwurst
1 EL gehackte Petersilie*

# Costeletas de borrego com tomatada

Lammkoteletts mit Tomatensauce

*Die Knoblauchzehen in feine Stifte schneiden, die Koteletts damit spicken und mit Salz und Pfeffer einreiben. Das Öl erhitzen, die Koteletts auf beiden Seiten rasch braten und in eine feuerfeste Form legen.
Die kleingehackte Zwiebel und den gewürfelten Schinken im restlichen Öl goldbraun braten, die geviertelten Tomaten und die Gewürznelken beigeben und 10 Minuten schmoren, den Wein angießen und mit Salz und Pfeffer würzen.
Die Koteletts vollständig mit der Tomatenmischung bedecken und im Backofen weich garen. Die gekochte Wurst in dünne Scheiben schneiden, auf die Koteletts legen und kurz überbacken. Mit gehackter Petersilie bestreuen und auf vorgewärmten Tellern servieren.*

Das Besondere an diesem Rezept, das ich in der Kleinstadt Monchique fand, sind die Gewürznelken in der *Tomatada*, die der Sauce einen unverwechselbaren Duft geben. Die aromatische Zutat ist heute überall für wenig Geld zu kaufen, es erscheint fast unglaublich, daß vor einigen Jahrhunderten erbittert und grausam um die Vorherrschaft im Gewürznelkenhandel gekämpft wurde. Angefangen hat alles auf der kleinen, heute indonesischen Insel Ternate. Seit dem 15. Jahrhundert regierten islamische Sultane von hier aus den Archipel der Molukken. Sie waren reich, mächtig, und vor allem geboten sie über den Gewürznelkenhandel der ganzen Welt. Seit der römischen Kaiserzeit riß auch in Europa die Nachfrage nach den getrockneten Blütenknospen der zur Familie der Myrtengewächse zählenden Gewürznelkenbäume nie mehr ab.
Im Jahre 1512 erreichte der Portugiese Fernão de Magalhães die stillen, lieblichen Inseln. Damit war es um den Frieden geschehen. Die Eroberer aus Europa rissen den gesamten Nelkenhandel an sich und ließen den Sultan von Ternate ermorden. War die Ernte üppig ausgefallen, ordnete der portugiesische König, der sich stolz »Herr des indischen Handels« nannte, die Verbrennung überzähliger Lagerbestände an, um die Preise hochzuhalten.
Die niederländischen Nachfolger trieben es noch toller. Ihre Vernichtungszüge gegen alle nicht auf den erbeuteten holländischen Plantagen wachsenden Nelkenbäume kosteten Zehntausende Eingeborene das Leben.
Und die Fortsetzung der Geschichte liest sich wie ein Kriminalroman: Franzosen stahlen nachts Nelkenbäume auf den Molukken und verpflanzten sie nach Mauritius, La Réunion, Cayenne, Guayana, Martinique, Sansibar und Madagaskar. Damit war das Monopol für den Gewürznelkenhandel endgültig gebrochen.

*1 kg Rindfleisch, 2 Rindsknochen
150 g Suppengemüse
(Sellerie, Karotte, Petersilienwurzel)
1/2 TL Pfefferkörner, 2 Lauchstangen
1 Weißkohl, 2 Karotten
100 g grüne Bohnen
100 g frische grüne Erbsen, 2 Zwiebeln
500 g Süßkartoffeln oder festkochende Kartoffeln
Salz, Pfeffer
1 Blutwurst
1 geräucherte Schweinefleischwurst
100 g durchwachsener Speck
100 g geräucherter Speck
300 g Weißbrot
1 Bund frische Pfefferminze*

*Rindfleisch, die gut gewaschenen Knochen, das gewaschene, geschälte Suppengemüse und einige Pfefferkörner in reichlich kochendes Wasser einlegen und bei mäßiger Hitze kochen.
Nach 1 Stunde die Lauchstangen einlegen und mitgaren. Das fertiggegarte Fleisch aus der Brühe heben, gegen den Faserlauf in Scheiben schneiden, mit etwas Brühe begießen, damit es nicht austrocknet, und warm stellen.
Die Brühe durch ein Sieb in einen großen Topf gießen, eventuell Wasser angießen, den geviertelten Weißkohl, das geputzte Gemüse, die Zwiebeln und die geschälten, halbierten Kartoffeln in der Brühe gar kochen und mit Salz und Pfeffer würzen.
Wenn das Gemüse fast gar ist, die mit einer Gabelzinke oder einem Zahnstocher leicht eingestochenen Würste und den in Scheiben geschnittenen Speck einlegen und alles fertiggaren. Gemüse, Kartoffeln, Würste und Speck aus der Brühe heben. Fleisch auf eine vorgewärmte Platte legen und mit dem Gemüse, den in Scheiben geschnittenen Würsten und den Speckscheiben umkränzen.
Entrindetes Weißbrot und die abgezupften Pfefferminzblätter in eine Terrine legen und mit Brühe übergießen. Die Suppe und das Fleisch gleichzeitig servieren.*

# Cozido algarvio

Eintopf nach Art der Algarve

Fast könnte man Parallelen zwischen Portugal und Österreich ziehen: Das gekochte Rindfleisch mit der delikat duftenden Brühe zählt in beiden Ländern zu den heißgeliebten Nationalgerichten. Unterschiede gibt es allerdings: Die Österreicher bringen ihren *Tafelspitz* zwar auch mit Gemüse auf den Tisch, sie scheuen jedoch davor zurück, geräucherte Würste und Speck mitzukochen.
Ihr Kaiser Franz Joseph, der sein »gesottenes Rindfleisch« keinen Tag des Jahres missen wollte, hielt ohnehin nichts von irgendwelchen Anreicherungen des Gerichtes. Weder die mit Rotwein und Knoblauch gewürzten *Chouriços de sangue*, Blutwürste, noch die geräucherten, mit Paprika aromatisierten *Farinheiras* aus Schweinebauch hätten vor ihrer Majestät Augen Gnade gefunden.
Dennoch lohnt es sich natürlich, den *Cozido algarvio* zu kosten. Selbst von purem Tafelspitz verwöhnte Gaumen finden an ihm Gefallen.
Der Cozido algarvio, der auch *Cozido de repolho*, Eintopf aus Weißkohl, genannt wird, unterscheidet sich vom *Cozido português* vorwiegend durch die Verwendung von Weißbrot. In den meisten übrigen Eintöpfen Portugals werden Bohnen oder Reis mitgegart. Nur die *Algarvios* bilden eine Ausnahme, sie lieben das Nationalgericht auch als *Cozido de grão*, mit Körnern und Kürbis angereichert, als *Cozido de milhos* mit Mais, Schweinefleisch und Schweinsohr oder als *Cozido de batatas à algarvia* mit Kartoffeln, Gewürzen, Speck, Tomaten, Sardinen und Brot.

*30 g Butter*
*250 g Zucker*
*6 Eier*
*200 ml Milch*
*200 ml frisch gepreßter Orangensaft*

*Für die Sauce:*
*1/8 l frisch gepreßter Orangensaft*
*90 g Zucker*
*Schale 1 unbehandelten Orange*
*1/4 Zimtstange*
*4 cl Grand Marnier*

*Minzblätter zum Garnieren*

*4 feuerfeste Förmchen mit zerlassener Butter auspinseln. Auf den Boden jeder Form 40 g Zucker streuen.*
*Den restlichen Zucker mit den Eiern, der Milch und dem Orangensaft gründlich vermischen, mit dem Schneebesen gut aufschlagen und in die Formen füllen.*
*Die Formen in ein Wasserbad stellen und im vorgeheizten Ofen bei 180° C backen. Der Pudding ist fertig, wenn an einer in den Teig gestochenen Messerklinge nichts haften bleibt.*
*Für die Sauce Orangensaft durch ein Sieb gießen und mit Zucker, der in schmale Streifen geschnittenen Orangenschale und dem Stück Zimtstange etwa 3 Minuten kochen. Vom Feuer nehmen, Zimtstange entfernen, die Sauce mit Grand Marnier verrühren und kühl stellen.*
*Den Pudding in den Formen erkalten lassen, stürzen, mit der Orangensauce umgießen und mit frischen Minzblättern garnieren.*

# Pudim de laranja

Orangenpudding

Im Farbenspiel der Algarve, dem Silber der Olivenbäume, dem zarten Rosa der Mandelblüte, der roten Erde, dem Dunkelgrün der schattenspendenden Granatapfel- und Johannisbrotbäume, spielen das Gelb und Orange der Zitrusfrüchte eine große Rolle. Aber Apfelsinen gedeihen nicht nur an der sonnigen Algarve, man findet sie in Portugal bis in den Norden bei Porto, die schönsten Haine stehen dort im Tal des Rio Tua.
Portugals Orangen werden weitgehend im Lande verzehrt. Herrlich schmekken die Marmeladen aus den kleinen bitteren Früchten, die im Umland von Setúbal geerntet werden, der *Bolo de laranja*, Orangenkuchen, die mit Orangensaft aromatisierten *Doces*, Süßspeisen, oder der Cocktail *Algarve*, der aus Orangensaft, Medronho und Curaçao Blue gemixt wird.
Die Apfelsinen kamen mit den fremden Eroberern ins Land. Doch sie waren nicht das größte Geschenk der Mauren. Sie, die mit Trockenheit, Wüste und Durst aufgewachsen waren, kannten auch die Möglichkeiten, aus Staub und verdorrtem Boden fruchtbares Land zu machen. Sie brachten das Wissen um die Wassermühlen mit und führten im *Al-Gharb* die *Nora* ein. Mit diesem genialen Schöpfmechanismus, angetrieben von im Kreis trottenden Eseln, wurde Eimer für Eimer Wasser aus tiefen Brunnen geholt und in Bewässerungsgräben geschüttet.
Auch das Rezept für unseren süßen Orangenpudding geht auf überlieferte arabische Rezepte zurück wie so viele der mit Eier und Zucker zubereiteten portugiesischen Flans. Man kann sie heute rund um den Persischen Golf in ganz ähnlichen, kaum abgewandelten Rezepten finden.
Im 17. und 18. Jahrhundert nahmen sich dann die portugiesischen Nonnen mit Vorliebe der alten Rezepte an, wandelten sie ein bißchen ab und reicherten sie zumeist mit noch mehr Zucker und Eigelb an.

*200 g Kürbis*
*6 Eier*
*250 g Zucker*
*250 g geriebene Mandeln*
*120 g kandierte Früchte*
*1 TL Zimt*
*abgeriebene Schale 1/2 unbehandelten Zitrone*
*flüssige Butter*
*grobes Paniermehl*
*Puderzucker*
*12 kandierte Orangenspalten*

*Den Kürbis schälen, kochen, gut abtropfen lassen und zerkleinern. Eier und Zucker schaumig rühren, den Kürbis, die geriebenen Mandeln, die kleingehackten kandierten Früchte, den Zimt und die abgeriebene Zitronenschale dazugeben und die Masse in eine mit flüssiger Butter ausgestrichene und mit grobem Paniermehl bestreute Form geben. Den Backofen vorheizen und den Kürbiskuchen bei 200° C ungefähr 25 Minuten backen.*
*Den fertigen Kuchen aus der Form nehmen, abkühlen lassen, mit Puderzucker bestreuen und mit kandierten Orangenspalten garnieren.*

# Bolo mimoso

Kürbiskuchen

In der fruchtbaren roten Erde zwischen Hügeln und Meer gedeihen in der Nachbarschaft von Tomaten und Reben all die süßen Melonen und die Kürbisse, aus denen in der Algarve kulinarische Köstlichkeiten gezaubert werden.
Kürbisse, im alten China als »Herrscher des Gartens« hoch gelobt, im Ägypten der Pharaonen als Grabbeigaben geschätzt, werden heutzutage, obwohl sie weltweit in rund 25 Arten heranreifen, im Gegensatz zu den mit ihnen verwandten Melonen häufig übersehen. Die Beerenfrüchte der einjährigen Pflanze mit der dicken harten Schale und dem saftigen Fruchtfleisch, das wenig Zucker und keinerlei Säure enthält, können riesengroß und bis hundert Kilogramm schwer werden.
Bei aller Artenvielfalt entwickeln die Kürbisse jedoch wenig Eigengeschmack, sie besitzen kein ausgeprägtes Aroma, drängen sich nicht vor, lassen sich aber ausgezeichnet mit Süßem und Pikantem kombinieren.
Die *Algarvios* mit ihrer Leidenschaft für *Doces* bereiten aus dem Gemüse zumeist *Bolos* oder *Bolinhos*, größere oder kleinere Kuchen, zu, die mit Zimt, Nelken oder Ingwer aromatisiert werden. Und die Hausfrauen fertigen zur Erntezeit Marmeladen an, wobei gedämpfte Kürbisse mit Apfelmus vermengt und mit Honig, Zitronensaft und Zimt gekocht werden.

# Madeira und die Azoren

Madeira ist Portugals »Insel des ewigen Frühlings«, sein *Flor de oceano*, die Blüte des Ozeans. Atlantikwasser peitscht die Felsen, die bis zu 4 000 Meter weit unter die Wasseroberfläche reichen, es stürmt gegen Cabo Girão, die zweithöchste Klippe der Welt, es mahlt an atemberaubenden Steilhängen, an denen Bauernfleiß mühsam unendlich viele Terrassen aufschichtete.

Madeira, der Sage nach ein Teil des versunkenen Atlantis, 1420 von den Portugiesen entdeckt, ist keine sanfte Insel, sie ist schroff und wild, felsig und zerklüftet. Aber ihr Klima ist ausgeglichen, die Luft mild wie Balsam. Schon im Januar blühen Flamingoblumen und Bougainvilleen, Hibiskus, Strelitzien und Kamelien.

Reiche Winterregen und das tausend Kilometer lange System der *Levadas* genannten Bewässerungskanäle lassen Fruchtbarkeit zu. Zuckerrohr und Bananen, Getreide und Frühgemüse, Melonen, Anonen, Papayas, Maracujas, Mangos und natürlich die Trauben für den berühmten *Madeirawein* wachsen auf der Insel. Kartoffeln können viermal im Jahr geerntet werden.

Die Küche der Madeirenser bezieht die besten Ingredienzen vom mühsam kultivierten Boden, von den Tieren auf den hochgelegenen Weiden und aus dem Meer. Gekocht wird mit Olivenöl und Butter, mit Knoblauch, Tomaten und Madeirawein, mit Gewürzen wie Nelken, Curry, Ingwer und *Piri-piri*. Doch die aromatischen Zutaten werden mit Feingefühl verwendet, sie herrschen nie vor, sondern unterstreichen nur den Eigengeschmack der Gerichte.

Davon kann man sich überzeugen beim Fischeintopf *Caldeirada à madeirense*, der in Funchal mit Wein zubereiteten Fischsuppe *Sopa de peixe* und bei der Muschelsuppe *Creme de mariscos*. Über 200 Fischsorten und zahllose Arten von Meeresfrüchten werden im Inselhafen von den bunten Booten mit den transparenten Segeln ausgeladen. Köstlich schmecken auch die anderen Spezialitäten Madeiras. Die *Espada*, der meterlange, schuppenlose, schwarze Degenfisch, oft mit Bananen gebraten oder mit vielen Küchenkräutern geschmort, der in Wein marinierte und gegrillte oder mit einer Zwiebelsauce zubereitete Thunfisch, der meist mit *Milho frito*, gebackenem Mais, auf den Tisch kommt. Es gibt *Cavalas*, Makrelen in einer scharfen Weinsauce und delikate Seezungenfilets, *Filetes de linguado*.

Das Hochland, wo Rinder ihr Leben oft in winzigen Strohschobern, den *Palheiros*, fristen, wo Schafe und Ziegen auf felsigem Boden weiden, liefert das Fleisch für die begehrte *Espetada*, den gewaltigen Rindfleischspieß, der über der Glut von Holzkohlenfeuer gegrillt und traditionsgemäß mit *Bolo de caco*, einem Brot aus Mehl und gekochten Süßkartoffeln, serviert wird.

Für den traditionellen Eintopf *Cozido à madeirense* bevorzugt man jedoch nach wie vor Schweinefleisch, und auch *Carne assada no forno* wird mit marinierter Schweinelende zubereitet.

Daß Heinrich der Seefahrer das Zuckerrohr und die Malvasierrebe auf Madeira anpflanzen ließ, dankt man ihm heute noch. Viel Zucker kommt in die *Doces*, die allgegenwärtigen Honigkuchen *Bolos do mel*, die *Queijadas da Madeira* genannten Käsekuchen, in die Puddings aus Papayas und Orangen und in die *Saladas de fruta* aus exotischen Früchten. Als Aperitif oder zum Dessert dürfen natürlich die berühmten Madeiraweine *Malvasia, Sercial, Bual* oder *Verdelho* nicht fehlen.

Die Inseln der Azoren sind weit vom portugiesischen Festland entfernt, wie Trittsteine zwischen der Alten und der Neuen Welt liegen sie im Meer. Hier ist der Boden vulkanisch, die Landschaft teils gebirgig, teils urwüchsig und grün, zuweilen bebt die Erde, manchmal auch das Meer.

Die genügsamen Insulaner haben die Böden unverdrossen bestellt. Dank der hohen Luftfeuchtigkeit gedeihen Bananen, Ananas, Granatäpfel, Feigen, Trauben und Zitrusfrüchte. Rinder, Schweine, Schafe und Ziegen werden gehalten, Kaninchen, durch Schiffe eingeführt, wurden beinahe zur Plage.

Die Küche der Azoren ist bodenständig-deftig. Schon zum Aperitif reicht man Frischkäse, *Queijo branco*, mit einer würzigen bis scharfen Paprikasauce. Es folgen phantasievolle Suppen, darunter die *Sopa do Espírito Santo*, eine Fleischbrühe mit starkem Minzgeschmack, die mit Zimt gewürzte Sauerampfersuppe *Sopa azeda* oder die Fenchelsuppe *Sopa de funcho* mit getrockneten Bohnen. Gerichte mit Meeresfrüchten gibt es in Hülle und Fülle. Tintenfische, *Polvos*, schmoren in einer Weinsauce, gefüllter Barsch, *Garoupa recheada*, wird mit einer Farce aus Brot, Oliven und Eiern zubereitet. Zu den Inselspezialitäten zählen *Cozido de lagoa das Furnas*, ein Eintopf, der viele Stunden in der heißen Vulkanerde gart, *Alcatra*, geschmorte Kalbshaxenscheiben, und Blutwürste, *Morcelas*, die mit Ananas oder Süßkartoffeln serviert werden.

Auch vor den Azoren machte die portugiesische Leidenschaft für *Doces* nicht halt. Man ißt *Camafeus*, süße Happen aus Nüssen und Zucker, die Mandelkuchen *Bichinhos de amêndoa, Fofas*, mit Zitronencreme gefüllte Teigtaschen, und viele *Bolos*, die mit Zitronen, Orangen und Tangerinen, einer besonders kleinen Mandarinenart, aromatisiert werden.

Zu den Gerichten genießen die Bewohner der Azoren gerne ein Glas des roten, fruchtigen *Vinho de cheiro* oder des Süßweins *Abafado*. Hausgemachte Liköre aus Kaffee, Tangerinen, Orangen und Milch begleiten die süßen Desserts.

# Sopa de cebola à madeirense

Zwiebelsuppe nach Art von Madeira

*1 kg Zwiebeln
4 EL Olivenöl
40 g Butter
1 TL Paprika
50 g Sultaninen
5 Gewürznelken
1 l Fleischbrühe
Salz
Pfeffer
4 Eigelb
1 EL trockener Madeira*

*Zwiebeln in feine Ringe schneiden. Olivenöl und Butter erhitzen und die Zwiebeln bei mäßiger Hitze unter dauerndem Rühren goldbraun braten.
Topf vom Herd nehmen, das Paprikapulver, die Sultaninen und die Nelken unter die Zwiebelmasse mischen, Fleischbrühe angießen, den Topf zudecken und die Zwiebelsuppe 1 1/2 Stunden kochen. Nach etwa 1 Stunde Kochdauer den Deckel abnehmen. Mit Salz und Pfeffer würzen.
Eigelbe mit der Gabel aufschlagen, ein wenig heiße Brühe daruntermischen, in die Zwiebelsuppe einfließen lassen und kurz weiterkochen, bis sie eindickt. Madeira unterrühren und die fertige* Sopa de cebola à madeirense *in Suppentassen anrichten.*

»Sie lebten von Zwiebelsuppe und Brot«, erzählt man sich in Funchal über die letzte österreichische Kaiserfamilie, die nach dem Ende des Ersten Weltkrieges von den Briten ins Exil nach Madeira gebracht wurde. Tatsächlich hatten die Habsburger, die nach einigen Jahrhunderten auf dem Kaiserthron ihren Weg durch die Geschichte des Abendlandes zwangsläufig beendeten, eine harte Zeit auf der Blumeninsel. Kaiser Karl I., der letzte aus dem vornehmen Geschlecht, der die Krone getragen hatte, starb 1922 fast mittellos in einer kleinen, von einem Gönner zur Verfügung gestellten Villa in Monte bei Funchal an Lungenentzündung. Er liegt in der Kirche Nossa Senhora do Monte, wo Madeirenser am 15. August das größte Fest des Jahres mit Wallfahrten zur Madonna feiern, begraben.
Wollten die Bewohner Funchals mit »Zwiebelsuppe und Brot« bildhaft ein kärgliches Leben umschreiben, so ist die *Sopa de cebola à madeirense* keineswegs ein ärmliches Gericht. Sie unterscheidet sich ganz erheblich von den vielen Zwiebelsuppen, die rund um die Erde, oft als lieblose Kopien der französischen *Soupe à l'oignon* gekocht werden. Mit geschlossenen Augen würde man die Madeirenser Zwiebelsuppe allein am Geruch der Nelken erkennen. Dieses Gewürz und die Sultaninen, jene kleinen, getrockneten Beeren der Sultanatraube, geben ihr einen aparten Geschmack.

*12 Riesengarnelen
1 EL Zitronensaft
2 EL Olivenöl
2 Knoblauchzehen
Salz
Cayennepfeffer
300 g junge grüne Bohnen
2 reife Mangos
3 EL Salatmayonnaise
2 EL Orangensaft
2 EL Zitronensaft
2 EL Tomatenketchup
1/2 TL Tabasco
Pfeffer
1/2 Bund Petersilie*

*Garnelen aus den Schalen brechen, aber die Schwänze unbeschädigt lassen. Darm am Rücken entfernen und die Garnelen mit Zitronensaft beträufeln.
Olivenöl erhitzen, die geschälten Knoblauchzehen kurz schmoren, die Garnelen einlegen, mit Salz und Cayennepfeffer würzen und auf beiden Seiten 2–3 Minuten braten. Herausnehmen und auf Küchenkrepp abtropfen lassen.
Bohnen putzen, waschen, kurz in Salzwasser kochen und in sehr kaltem Wasser, möglichst Eiswasser, abschrecken. Mangos schälen, halbieren, den Kern entfernen und das Fruchtfleisch in Stücke schneiden.
Mayonnaise mit Orangen- und Zitronensaft, Tomatenketchup und Tabasco vermischen. Mit Salz und Pfeffer abschmecken. Garnelen, Bohnen und Mangostücke locker mit der Mayonnaise durchmischen und mit Petersilie garnieren. Sofort servieren.*

# Salada de mariscos e mangas

Garnelensalat mit Mangos

Mangos und Garnelen fanden erst in der modernen Hotelküche Madeiras zueinander. Vorher waren die aromatischen Früchte auf der Blumeninsel überwiegend für Marmeladen, Obstsalate, Eiscremes und Desserts verwendet worden.
In Indien sind die Mangobäume aus der Familie der Anakardiengewächse seit mehreren tausend Jahren bekannt. Ihre Blüten spielen in den Legenden und bei den Zeremonien der Hindus eine große Rolle, in alten Sanskritschriften werden sie als heilige Früchte erwähnt. Herrscher des Mogulreiches schließlich liebten die birnengroßen Früchte mit dem köstlichen Aroma so sehr, daß sie in ihren Gärten Zehntausende von Mangobäumen pflanzen ließen.
Die Portugiesen lernten die Frucht im indischen Goa kennen. Hier gründeten sie im 16. Jahrhundert die erste europäische Handelsniederlassung an der indischen Westküste, und hier entstand auch die Idee, Mangos nach Brasilien zu bringen, wo sie, vor allem im Nordosten, vorzüglich gediehen.
Die schmackhaften Steinfrüchte, portugiesisch *Mangas*, wachsen auch in geringen Mengen auf Madeira. Weltweit, in Ostasien, Indien, Afrika, Zentral- und Südamerika, Florida und Israel, gibt es bis zu tausend kultivierte Arten, von denen jedoch vor allem zwei Sorten in den Handel kommen: die grünlichgelbe und die gelbrote Mango.
Die Reife dieser Frucht läßt sich nur an ihrer Konsistenz und ihrem Aroma feststellen. Zum Verzehr geeignete Mangos verströmen einen intensiven Duft, und ihre Schale gibt auf Fingerdruck nach.

*3 reife Avocados
1 Tomate
300 g Thunfisch (Dose)
1 kleine Zwiebel
2 hartgekochte Eier
Salz
Pfeffer
1 TL Zitronensaft
1 EL Olivenöl
1 EL gehackte Kräuter*

# Abacate à moda da Funchal

Gefüllte Avocados

*Die Avocados halbieren, die Kerne entfernen. Das Fleisch einer Avocado aus der Schale heben und in einer Schüssel pürieren. Die kleingewürfelte Tomate, das in kleine Teile zerpflückte Thunfischfleisch, die feingeschnittene Zwiebel und die gehackten Eier beigeben, mit Salz, Pfeffer und Zitronensaft würzen. Etwas Olivenöl untermischen, so daß eine cremige Farce entsteht.
Die entkernten Avocados mit dieser Farce füllen, mit gehackten Kräutern bestreuen und mit getoastetem Weißbrot servieren.*

An der Algarve und auf Madeira gedeihen unterschiedliche Sorten der ursprünglich in Südamerika heimischen Avocado. So kann man die Früchte fast das ganze Jahr über ernten und kaufen. Sie besitzen einen außerordentlichen Nährwert, sind fett- und eiweißhaltig und enthalten viele Vitamine.
In Mitteleuropa muß man sich mit Importen begnügen. Die Steinfrüchte werden unreif und hart geerntet und kommen auch so in den Handel.
Weil die Avocado jedoch nur in ganz reifem und weichem Zustand genießbar ist, wird die Wahl der richtigen Frucht bisweilen zur Qual. Häufig werden den Früchten in den Selbstbedienungsläden durch heftiges Drücken, um ihren Reifegrad festzustellen, schwere Schäden zugefügt. Vorzeitig bekommen sie häßliche dunkle Flecken, die auch Teile des Fruchtfleisches braun verfärben.
Ein guter Rat: Kaufen Sie Avocados nur bei einem erstklassigen Gemüsehändler, und halten Sie, wenn Gäste erwartet werden, immer ein bis zwei Früchte in Reserve, um Avocados, die nicht einwandfrei sind, jederzeit ersetzen zu können.

# Cavalas com molho de vilão

Makrelen mit Weinsauce

*4 Makrelen*

*Für die Sauce:*
*1 Zwiebel*
*5 Knoblauchzehen*
*2 EL Olivenöl*
*100 g Karotten*
*300 ml Weißwein*
*100 ml Essig*
*2 Lorbeerblätter, Salz*
*2 frische Thymianzweige*
*1 Messerspitze Piri-piri oder Cayennepfeffer*

*80 g Butter*
*1 TL Zitronensaft*
*100 ml Weißwein*

*Makrelen durch die Kiemen ausnehmen, die Flossen entfernen, unter fließendem Wasser waschen und trockentupfen.*
*Für die Sauce die Zwiebel in dünne Scheiben schneiden, die Knoblauchzehen fein hacken und in Olivenöl glasig schmoren. Die Karotten in dünne Scheiben schneiden, hinzugeben, mit Wein und Essig ablöschen und 2–4 Minuten kochen lassen. Die zerkrümelten Lorbeerblätter, Salz, Thymian und Piri-piri oder Cayennepfeffer beigeben und weitere 5 Minuten bei geringer Hitze köcheln lassen.*
*Butter in einer großen, feuerfesten Form erhitzen, die Makrelen einlegen, mit Zitronensaft und etwas Weißwein in den Backofen schieben und garen.*
*Kurz vor dem Ende der Backzeit die Sauce angießen und die Makrelen darin einige Minuten ziehen lassen. Fische auf einer länglichen Platte anrichten und mit der Sauce übergießen.*

Die atlantischen Makrelen, blaugrün mit einer zebraähnlichen dunklen Zeichnung, zählen zu den beliebtesten Meeresfischen, da sie nicht nur sehr gut schmecken, sondern auch ungemein vielfältig verwendbar sind. Am besten eignen sie sich bis zu einer Größe von 300 bis 400 Gramm. Man kann die Fische braten, grillen, kochen, marinieren oder räuchern. Auf Madeira serviert man *Cavalas*, Makrelen, meist in einem *Molho de vilão*, einer Sauce nach Bauernart. Für diese Tunke gibt es im Grunde genommen kein Rezept, weil jede Hausfrau den *Molho* auf eine andere Art mischt. Einmal verzichtet sie auf Zwiebeln und Knoblauch, ein andermal verwendet sie nur Essig und keinen Wein, und beim nächstenmal nimmt sie gehackte Korianderblätter oder Petersilie anstelle von Thymian und Lorbeer. Nie fehlt jedoch das Olivenöl, das, mit Essig oder Weißwein und mit Kräutern angereichert, stets eine gute Geschmackskombination ermöglicht.

Die Portugiesen reichen den Molho de vilão auch zu gebratenen Kaninchen und Rebhühnern sowie zu gekochtem Hammel- oder Schweinefleisch.

*4 Seehechtfilets*
*100 ml Olivenöl*
*2 kleine Schalotten*
*1/2 Bund Petersilie*
*1/2 Bund frische Minze*
*12–16 Venusmuscheln*
*Salz*
*Pfeffer*
*Piri-piri oder Cayennepfeffer*
*1 TL trockener Madeira (Sercial)*
*4 Tomaten*

# Pescada à madeirense

Seehecht mit Muscheln

Seehechtfilets kochfertig vorbereiten. Das Olivenöl in einer großen, flachen Pfanne erhitzen. Die kleingewürfelten Schalotten und die feingehackten Petersilien- und Minzblätter kurz andünsten. Fischfilets und die gut gewaschenen Muscheln einlegen. Mit Salz, Pfeffer und Piri-piri oder Cayennepfeffer würzen und in der geschlossenen Pfanne etwa 10–12 Minuten schmoren lassen. Fischfilets dabei einmal wenden. Fisch und Muscheln aus der Pfanne heben und warm stellen.
Die Sauce einkochen lassen, mit Madeira abschmecken, auf vorgewärmte Teller gießen, die Fischfilets darüberlegen und die Muscheln ansprechend arrangieren. Mit Grilltomaten garnieren und mit Weißbrot oder Toast servieren.

Der Seehecht ist ein schlanker Raubfisch, der tief im Wasser vor den Küsten Europas und Nordafrikas lebt und sich vorwiegend von Sardinen, Makrelen und Wittlingen ernährt. Sein weißes, nicht allzu weiches Fleisch schmeckt vorzüglich und wird daher gerne in der Küche verwendet.
Bei diesem Gericht muß es jedoch nicht immer Seehecht sein. Ohne weiteres kann man dafür auch die Filets von Seezunge, Seelachs, Rotbarsch und Merlan oder Seeteufelmedaillons und Steinbuttscheiben nehmen.
Allerdings muß man beim Kochen dieser Fische auf die verschiedenen Garzeiten achten. Sie dürfen nicht zu weich werden, sonst zerfallen sie und würden den vorteilhaften optischen Eindruck des Gerichtes beeinträchtigen.
Venusmuscheln eignen sich für dieses Gericht am besten. Mies- oder Pfahlmuscheln tun es aber auch, nur muß man in diesem Fall die Menge der Meeresfrüchte erhöhen.
Die Muscheln öffnen sich beim Kochen und kommen mit ihren Schalen auf den Tisch. Wer sie besonders ansprechend arrangieren will, beläßt nur die gefüllten Hälften auf dem Teller und beträufelt diese noch zusätzlich mit ein wenig Zitronensaft.

# Caldeirada de lulas

Tintenfischeintopf

*1 kg Tintenfisch*
*5 EL Olivenöl*
*2 große Zwiebeln*
*2 Knoblauchzehen*
*1 rote Paprikaschote*
*1 grüne Paprikaschote*
*1 TL Currypulver*
*1 TL Ingwerpulver*
*2 Lorbeerblätter*
*Salz*
*2 geschälte Tomaten*
*200 ml trockener Weißwein*
*400 g Kartoffeln*

*Tintenfische ausnehmen, reinigen, waschen und in Streifen schneiden oder bereits küchenfertig vorbereitete Tintenfische verwenden.*
*Das Öl in einem großen Topf erhitzen, die kleingehackten Zwiebeln und Knoblauchzehen sowie die feingeschnittenen Paprikaschoten ungefähr 6 Minuten rösten. Den Topf vom Herd nehmen, Curry und Ingwerpulver einrühren, Lorbeerblätter, Salz und die gewürfelten Tomaten hinzufügen, den Topf wieder auf den Herd stellen und die Gemüsemischung bei geringer Hitze etwa 20 Minuten köcheln lassen.*
*Tintenfische einlegen, Wein angießen und so lange bei niedriger Hitze kochen lassen, bis die Tintenfische fast gar sind. Geschälte, gewürfelte Kartoffeln einlegen und weich kochen.*
*Die fertige* Caldeirada *in eine Terrine gießen und mit frischem Weißbrot servieren.*

Dieser Tintenfischeintopf nach Art von Madeira stammt eigentlich aus Südindien. Seine Entstehungsgeschichte reicht bis in das Zeitalter der portugiesischen Entdecker zurück. An der Wende vom 15. zum 16. Jahrhundert schrieb der Sultan von Calicut auf einem Palmblatt den folgenden Brief an den König von Portugal: »Vasco da Gama, ein Edler von Eurem Hof, ist in mein Land gekommen, worüber ich erfreut bin. Mein Land ist reich an Zimt, Ingwer, Pfeffer und kostbaren Steinen. Im Austausch erwarte ich Gold, Silber, Korallen und pupurfarbenes Tuch.«

Die Ingwerpflanze lernten die Portugiesen erstmals am tropischen Küstenstreifen von Kerala kennen. Ursprünglich war sie in Ostasien beheimatet, wo auch heute noch einige der besten Ingwersorten herkommen.

Sehr früh fanden die schilfartigen Stauden mit den grünlichgelben Blüten, deren Wurzeln sich als wichtiges Gewürz entpuppten, den Weg an die südindische Küste. Besonders ausgiebig wurden dort die üppigen Fischtöpfe mit Ingwer aromatisiert.

Alte portugiesische Rezepte folgen den Küchengeheimnissen der Fischer auf den Küstenbooten, die verschwenderisch mit Piment, Nelken, Koriander, Pfeffer, Kardamom, Muskat, Kreuzkümmel, Kurkuma und natürlich Ingwer umgingen.

Nur auf den ersten Blick erscheinen die Rezepte heute einfacher gewürzt, denn all diese aromatischen Zutaten und noch mehr sind in der überall erhältlichen Currymischung bereits enthalten. Der Unterschied zu einer traditionsbewußten indischen Hausfrau besteht darin, daß sie ihren Curry zu jeder Mahlzeit in einem Steinmörser selbst zusammenmischt.

*8 dünne Scheiben Rinderfilet*

*Für die Marinade:*
*1 Zwiebel*
*1 Knoblauchzehe*
*200 ml trockener Madeira*
*5 EL Olivenöl*

*50 g Butter*
*Salz*
*Piri-piri oder Cayennepfeffer*
*1 EL gehackte Petersilie*
*2 Bananen*
*3 EL Olivenöl*
*8 Kirschtomaten*

*Die Filetscheiben in eine flache Tonschale legen, die kleingewürfelte Zwiebel und die feingehackte Knoblauchzehe darüberstreuen, Madeira und Olivenöl darübergießen, zudecken und einige Stunden im Kühlschrank marinieren.*
*Filetscheiben aus der Marinade nehmen, abtupfen, in der Butter von beiden Seiten braun braten und warm stellen. Die Marinade im Bratfond erhitzen, mit Salz, Piri-piri oder Cayennepfeffer und gehackter Petersilie würzen, gut einkochen lassen und über die Filetscheiben gießen.*
*Die Bananen schälen, halbieren, auf beiden Seiten im heißen Olivenöl goldbraun braten, mit etwas Salz und Cayennepfeffer würzen. Die Kirschtomaten ebenfalls kurz im heißen Olivenöl wenden. Filetscheiben mit Bananen und Kirschtomaten anrichten und servieren.*

# Bifes à madeirense

Filets nach Art von Madeira

Madeira, der den Filets das unverwechselbare Aroma gibt, ist ein mit hochprozentigem Branntwein versetzter Südwein. Seine Geschichte begann in Monemvasía am Südostende des Peloponnes, wo die ersten Malvasiertrauben wuchsen. Es war die Idee Heinrich des Seefahrers, der selbst eigentlich recht wenig zur See fuhr, die edlen Reben auf die 1420 von Portugiesen entdeckte, damals noch nicht bewohnte Insel Madeira zu bringen. Den Pflanzen gefiel offensichtlich das angenehme Klima, sie gediehen, die Trauben wurden zu Wein, und der edle Tropfen ging in Fässern auf Reisen. Man sandte ihn per Schiff bis nach Indien und wieder zurück, um ihn in den heißen Laderäumen zu beruhigen und zu veredeln.

Heute gibt es dafür eine einfachere Lösung: Die Weine reifen bei künstlich erzeugten tropischen Temperaturen in der *Estufa* (Ofen), wobei vor Beendigung der Gärung dem Most Weinedestillat zugegeben wird, bis ein Alkoholgehalt von 17 bis 20 Prozent und die gewünschte Süße erreicht werden.

Je nach der Traubensorte werden in der Regel vier Arten von Madeira unterschieden. Der trockene, leichte *Sercial* wird mindestens sechs Jahre gelagert und kühl getrunken. Der goldfarbene *Verdelho* ist ein halbsüßer Wein mit dem typischen Madeira-Aroma. Der *Bual* stammt von Muskateller-Alicante-Trauben und schmeckt süß-aromatisch. Der teure *Malvasia*, von den Briten zu *Malmsey* verballhornt, ist der schwerste, blumigste und süßeste von allen.

# Cozido de lagoa das Furnas

Eintopf mit Fleisch und Gemüse

*800 g Rindfleisch (Suppenfleisch)*
*600 g Schweinelende*
*1/2 Hähnchen*
*200 g durchwachsener Speck*
*Salz, 1 Zwiebel*
*4 Petersilienzweige*
*2 Lorbeerblätter*
*1 TL Pfefferkörner*
*2 Chouriços oder geräucherte Schweinefleischwürste*
*1 kleiner Weißkohl*
*8 kleine Kartoffeln, 2 Karotten*
*1 mittelgroße weiße Rübe*
*1 kleiner Couve galega oder einige Blumenkohlblätter*
*Pfeffer*

Rind- und Schweinefleisch, das vorbereitete halbe Hähnchen und den Speck in einen großen Topf legen, reichlich leicht gesalzenes Wasser angießen, ganze Zwiebel, Petersilienzweige, Lorbeerblätter und Pfefferkörner hinzufügen und bei mäßiger Hitze zugedeckt ungefähr 1 1/2 Stunden kochen lassen.
Das Fleisch und den Speck aus der Brühe nehmen, zur Seite stellen und mit etwas heißer Brühe begießen, damit das Fleisch nicht austrocknet.
Die Würste mehrmals einstechen und in einer kleinen Kasserolle bei starker Hitze zum Kochen bringen, vom Herd nehmen und gar ziehen lassen.
Den Weißkohl in Stücke schneiden, die Kartoffeln schälen und halbieren, die Karotten putzen und der Länge nach teilen, die Rübe schälen und vierteln, den galizischen Kohl oder die Blumenkohlblätter in Stücke schneiden.
Karotten-, Rüben- und Kartoffelstücke in die Fleischbrühe geben und etwa 20 Minuten kochen lassen. Weißkohl und Grünkohl hinzufügen und das Gemüse in der Fleischbrühe bei mäßiger Hitze fast gar kochen.
Das Fleisch und den Speck in große Würfel schneiden, das Hähnchen entbeinen, die Würste halbieren, alles in den Gemüsetopf legen und bei geringer Hitze köcheln lassen. Mit Salz und Pfeffer würzen und im Topf servieren.

Man müßte auf den Azoren wohnen, um dieses Gericht stilgerecht zubereiten zu können. Dort legt man alle Zutaten schichtweise in riesige Aluminiumtöpfe, bindet sie kunstvoll in Säcke ein und vergräbt diese in der heißen vulkanischen Erde. Nach fünf bis sechs Stunden sind Fleisch und Gemüse gar und von einem herrlich erdig-rauchigen Geschmack durchzogen.
Die Azoreninseln sind vulkanischen Ursprungs, und nun beherrschen mächtige Kraterkessel und stattliche Seen das Landschaftsbild. Die Menschen von Furnas haben sich nahe der Lagoa das Furnas, einem zwei Kilometer langen See, inmitten eines riesigen Kraters angesiedelt.
Wo man bei jedem Tritt fühlen kann, wie die Erde unter den Schuhsohlen wärmer wird, wo vieles dampft und spritzt und blubbert, ist die Erde so heiß, daß man darin kochen kann. Ein junger Mann aus Furnas regiert als Küchenmeister in einer Region dampfender Erdhaufen. In der infernalischen Naturküche gibt es über hundert Kochstellen, in denen die delikaten Eintöpfe im Erdreich garen.

# Carne de vinha d'alho

Schweinefleisch in Wein-Knoblauch-Sauce

*1,5 kg Schweinelende*

*Für die Marinade:*
*700 ml Weißwein*
*100 ml Essig*
*6 Knoblauchzehen*
*4 Lorbeerblätter*
*6 Gewürznelken*
*Salz*
*Cayennepfeffer*

*8 Weißbrotscheiben*
*4 EL Olivenöl*
*40 g Butter*
*1 Orange*
*1 Zitrone*

*Das Schweinefleisch unter fließendem Wasser waschen, in etwa 4 cm große Würfel schneiden und in eine Keramikschüssel legen. Aus Wein, Essig, feingehacktem Knoblauch, den Lorbeerblättern, Gewürznelken, Salz und Cayennepfeffer eine Marinade bereiten und diese über die Fleischwürfel gießen. 2–3 Tage im Kühlschrank marinieren.*
*Fleisch mit der Marinade in einen großen Topf geben, zudecken und bei mäßiger Hitze 1/2 Stunde köcheln lassen. Fleischwürfel herausnehmen und mit Küchenpapier gut trockentupfen.*
*Die Weißbrotscheiben mit einer Seite in die Marinade tauchen und auf Küchenkrepp trocknen lassen. Die restliche Marinade bei guter Hitze stark einkochen.*
*Olivenöl und Butter in einer flachen Pfanne erhitzen und die abgetropften Fleischwürfel von allen Seiten goldbraun braten. Weißbrotscheiben toasten. Fleischwürfel auf eine Platte legen, mit der Marinade übergießen, mit den Weißbrotscheiben umlegen und mit Orangen- und Zitronenscheiben garnieren.*

Es schimpfte die Zwiebel auf den Knoblauch: ›Du bist klein und scharf und riechst scharf, während ich nur etwas geschärft bin und die Zungen verwöhne.‹ Es schimpfte der Knoblauch auf die Zwiebel: ›Du bist dick und plump und zum Weinen, während dein Geruch verfliegt, würze ich die Luft für Tage.‹« So überliefert eine alte Legende aus Madeira.
Tatsächlich liegt über allen Küchen Portugals und der Inseln immer das eigenartig scharfe, leicht schwefelige Aroma des Knoblauchs. Hier hält man nichts vom empfindsamen Horaz, der über den stark würzenden Vertreter der Liliengewächse nur sehr verächtlich urteilte: »Den Verbrechern gebt ihn, anstelle des Bechers voll Schierling.«
*Vinho e alho*, Wein und Knoblauch, sind aus der Landesküche nicht wegzudenken. Unsere Spezialität aus Madeira, das Schweinefleisch in der würzigen Sauce, wird – mit kleinen Abweichungen – auch im ganzen Süden Portugals gekocht. Zuweilen fügt man den Schweinefleischwürfeln auch möglichst kleine, geschälte Kartoffeln bei und gart sie am Schluß gemeinsam mit dem Fleisch.

Das Besondere an diesem Rezept ist jedoch die Tatsache, daß die Madeirenser das Fleisch zuerst marinieren, dann in der Würzflüssigkeit kochen und erst hinterher in Olivenöl und Butter braten. Obwohl der Volksmund Gewürznelken als Mittel gegen Knoblauchgeruch empfiehlt, können die feinen Knospen in der Marinade wenig ausrichten. Sie liegen zu lange mit dem Knoblauch zusammen, und so gewinnt dieser spielend das Duell der Düfte.

*1 kg Rinderfilet*

*Für die Marinade:*
*3–4 Knoblauchzehen*
*3 Lorbeerblätter*
*80 g Butter*
*6 EL Olivenöl*
*schwarzer Pfeffer*
*Salz*

*Das Fleisch in etwa 3 cm große Würfel schneiden. Die Knoblauchzehen durch die Knoblauchpresse drücken, die zerkrümelten Lorbeerblätter, die geschmolzene Butter, 4 EL Olivenöl, Pfeffer und Salz zu einer Marinade verrühren. Die Marinade über die Fleischwürfel gießen und das Fleisch etwa 2 Stunden an einem kühlen Ort zugedeckt marinieren.*
*Die Fleischwürfel aus der Marinade nehmen, abtropfen lassen und auf 4 Metallspieße verteilen. Die Marinade erhitzen, mit einem Pinsel auf die Fleischwürfel streichen und die Spieße auf den heißen Holzkohlenrost oder in den Grill legen. Bei mittlerer Hitze unter häufigem Wenden etwa 8 Minuten grillen und dabei immer wieder mit dem restlichen Olivenöl bestreichen.*

# Espetada

Grillspieß

Das Lieblingsgericht der Madeirenser, die *Espetada*, hat sich aus der Gewohnheit der Landarbeiter entwickelt, kleine Fleischstücke auf grüne Lorbeerstöcke zu spießen und über offenem Feuer zu garen. Auch heute noch wird die Espetada in Landgasthöfen in offenen Steinöfen zubereitet. Der Grillspieß ist ein beliebtes Gericht bei all den kirchlichen Festen, die auf der Insel begangen werden. Am 13. Juni, dem Fest des heiligen Antonius, laufen zur Feier des Tages sogar portugiesische Kriegsschiffe in den Hafen von Funchal ein.
Zu den Fleischspießen wird frisches Landbrot, Butter und Salat serviert, ein herber, trockener Wein ergänzt das Gericht.
Die Espetadas, auf superlangen Spießen und in Portionen, die viel zu groß sind, werden immer seltener mit dem früher unverzichtbaren *Bolo de caco* gereicht. Hinter diesem – wörtlich übersetzt – »Scherbenkuchen« verbirgt sich ein Brot aus Mehl, Salz, gekochten Süßkartoffeln und Wasser, das geknetet und dann auf feuerfesten Steinen oder in Tonscherben gebacken wird.
Mehr und mehr wird es in Haushalten Sitte, die Espetadas auf eigenen Gestellen zu servieren, wobei man unter die Spieße Brotscheiben schiebt, die den abtropfenden Saft auffangen und als Beilage dienen.

# Alcatra

Geschmorte Kalbshaxenscheiben

*2 EL Olivenöl*
*200 g Räucherspeck*
*4 Kalbshaxen*
*2 Zwiebeln*
*4 Knoblauchzehen*
*2 Lorbeerblätter*
*1 TL Pfefferkörner*
*4 Gewürznelken*
*1/2 Zimtstange*
*3 geschälte Tomaten*
*Salz*
*1 EL Essig*
*800 ml Weißwein*

*Olivenöl erhitzen und den kleingewürfelten Speck darin braten. Das Speckfett weitgehend abgießen, die in dicke Scheiben geschnittenen Kalbshaxen darin von beiden Seiten anbraten, herausheben und zur Seite stellen.*
*Kleingehackte Zwiebeln und Knoblauchzehen, Lorbeerblätter, Pfefferkörner, Gewürznelken und Zimt in den Bratfond geben und einige Minuten unter ständigem Rühren rösten. Die Zimtstange herausnehmen. Die kleingewürfelten Tomaten dazugeben und köcheln lassen, bis eine dicke Sauce entsteht.*
*Kalbshaxenscheiben nochmals einlegen, mit Tomatensauce bedecken, salzen, Essig und Wein angießen und zum Kochen bringen. Die Kalbshaxenscheiben bei geringer Hitze etwa 1 1/2 Stunden köcheln lassen, bis sie weich sind. Mit gebratenen Kartoffeln und grünen Bohnen servieren.*

Dieses Gericht stammt von der Azoren-Insel Terceira, wo das Heilig-Geist-Fest noch nach alten Traditionen gefeiert wird. Jedes Jahr erhält der durch eine Auslosung bestimmte Gastgeber am Dreifaltigkeitssonntag die Insignien des Heiligen Geistes überreicht. Er bewahrt Krone und Szepter in einem eigens dafür dekorierten und für Besucher geöffneten Raum. Nach Krönung und Kronübergabe endet das Fest mit dem Tag, an dem die Insignien wieder in der Kapelle verwahrt werden.
Während der Festwochen, die mit fröhlichen Straßentänzen zu Gitarrenklängen einhergehen, ist es üblich, Rindfleisch zu spenden. Am letzten Sonntag wird die nahrhafte Gabe dann zu *Sopa do Espírito Santo*, Heilig-Geist-Suppe, und zu *Alcatra* verarbeitet. An der gemeinsamen Tafel gibt es dazu Wasserbrot und *Massa sovada*, süßes Brot, und der in großen Strömen fließende, aromatische *Cheiro-Wein* sorgt für ausgelassene Stimmung.
Alcatra wird – wenn es außerhalb des Festtages gekocht wird – auch mit frischen Schinken- oder Hammelbeinen zubereitet. Beim Originalrezept geben, wenn es gelegentlich auf Tomaten verzichtet, einige getrocknete Pimentkörner dem Gericht die besondere Note. Die kleinen, dunkelbraunen oder roten Beerenfrüchte des Nelkenpfefferbaumes werden vor der Reife gepflückt, getrocknet und verbinden sich in den Speisen sehr gut mit dem Aroma von Nelken und Zimt. Für mitteleuropäische Gaumen und Nasen scheint jedoch die Kombination von Fleisch, Tomaten und Gewürzen bekömmlicher.

*250 g Bitterschokolade*
*60 g Butter*
*1 EL Portwein*
*6 Eier*
*6 EL Zucker*
*4 frische Feigen*
*6 EL Madeira (Malvasia)*
*1 Gewürznelke*
*1 Prise Zimt*
*Saft 1 Tangarine oder Mandarine*
*1 EL Zucker*
*30 g Butter*

*Schokolade in größere Würfel schneiden und im Wasserbad mit der Butter schmelzen. Aus dem Wasserbad heben, Portwein einrühren. Eier trennen. Eigelbe und Zucker schaumig schlagen und vorsichtig mit der Schokoladenmasse vermengen. Die Eiweiße steif schlagen und unter die Masse ziehen. Die Mousse einige Stunden kühl stellen.*
*Feigen schälen und in Scheiben schneiden. Madeira, Gewürznelke, Zimt, Tangerinen- oder Mandarinensaft, Zucker und Butter kurz aufkochen. 10 Minuten ziehen lassen und durch ein Sieb über die Feigen gießen. Die Feigen 2 Stunden marinieren, abtropfen lassen und mit der Mousse anrichten.*

# Mousse de chocolate

Schokoladenmousse mit frischen Feigen

Der Kakaobaum, *Theobroma cacao*, der die wichtigen Grundbestandteile für die Schokolade liefert, wuchs einst auf portugiesischem Boden in Brasilien. Um die Mitte des 18. Jahrhunderts gelangte er aus den Regenwäldern am Amazonas in den Staat Bahia, wo er in großen Plantagen angepflanzt wurde und auch heute noch kultiviert wird.
Seine Blätter sind immergrün und lederartig, seine kleinen, gelblichweißen oder rötlichen, direkt am Stamm sitzenden Blüten verströmen einen starken Verwesungsgeruch und locken dadurch massenhaft Aasfliegen an, die für die Bestäubung sorgen. Die etwa zehn bis zwanzig Zentimeter langen, gurkenähnlichen Früchte, gelb oder rotbraun, werden mit Stangen abgeschlagen. Sie enthalten je nach Erntezeit zwischen 25 und 50 weißliche Samen, die sogenannten Kakaobohnen.
Die Samen werden aus den Schoten gelöst und in einem relativ komplizierten mehrstufigen Prozeß aufbereitet. Man bringt sie zur Fermentation, trocknet sie, mahlt sie und erhält zunächst Rohkakao, der die Grundlage zur Weiterverarbeitung bildet.

Erstaunlicherweise haben Portugals Klosterküchen Kakao und Schokolade kaum als Zutaten in ihre schier unendliche Süßigkeitenliste aufgenommen. Nur die *Mousse de chocolate* bildet häufig den krönenden Abschluß eines Festmahls. In der feinen Küche wird sie oft, wie in unserem Rezept, mit marinierten Feigen oder mit dem süßen, sahnigen Fruchtfleisch der Anonen, die auf Madeira kultiviert werden, kombiniert.

# Sorvete de abacaxi

Ananassorbet

*1 große, reife Ananas
Saft 1 Zitrone
120 g Zucker
1 EL Ananaslikör*

*Zum Garnieren:
1 Papaya
1 Mango
2 frische Feigen
1 EL Madeira (Malvasia)
frische Minzzweige*

*Die Ananas sorgfältig schälen, vierteln, den harten Strunk entfernen und die ›Augen‹ mit einem spitzen Messer ausstechen. Das Fruchtfleisch kleinwürfeln und pürieren. Ananasmasse durch ein Haarsieb passieren, den Zitronensaft, den Zucker und den Ananaslikör zugeben und sorgfältig unterrühren.
Die Sorbetmasse in eine Porzellan- oder Edelstahlschüssel füllen und in die Tiefkühltruhe stellen. Während des Gefriervorgangs mehrmals mit einem Handrührgerät gut durcharbeiten.
Das Sorbet mit einem Eisportionierer auf Desserttellern anrichten. Die Früchte schälen, entkernen, in Scheiben schneiden, mit etwas Madeira besprengen und um das Sorbet legen. Mit frischen Minzzweigen dekorieren.*

Ein Sorbet, das »sanfte Eis«, serviert man auf den Azoren nicht als kleinen Muntermacher zwischen zwei Gängen, sondern als Dessert mit einer Dekoration aus exotischen Früchten. Dazu muß man auf Madeira und den Azoren nicht auf Importe zurückgreifen. Bananen, Tangerinen, Papayas, Mangos, Maracujas und die vitamin- und mineralstoffreichen Ananas reifen auf den Inseln.
Da Mitteleuropäer leider auf Importananas zurückgreifen müssen, stellt sich immer wieder die Frage der Reife. Sind die im Regal liegenden Früchte für den Verzehr bereits geeignet oder noch nicht? Der Versand der Ananas aus Hawaii, Mittelamerika, Westindien, Afrika und den Azoren erfolgt überwiegend im halbreifen Zustand, damit das Obst auf dem Transportweg nicht verdirbt. Die Schwierigkeit dabei liegt darin, daß die Früchte, wenn sie einmal geschlagen wurden, nur schwer nachreifen, vor allem, wenn sie nicht kühl und hängend gelagert werden.
Man erkennt an zwei Merkmalen, ob eine Ananas zum Verzehr geeignet ist. Erstens am Duft, denn eine unreife Frucht verströmt keinerlei Aroma. Und zweitens an den Rosenblättern: Lassen sich diese leicht herauszupfen, kann man unbesorgt zugreifen.
Anstelle dieses Sorbets wird Gästen auf den Azoren gelegentlich ein Ananascocktail angeboten. Man mischt dabei zwei Teile Ananaslikör und zwei Teile Ananassaft im Shaker, gießt die Mischung ins Glas und füllt mit Sekt auf.

# Register

## Vorspeisen und Suppen

**Abacate à moda da Funchal** 192
Gefüllte Avocados
**Bifes de presunto** 44
Schinkenscheiben mit Portwein
**Caldo de castanhas** 42
Kastaniensuppe
**Caldo verde à minhota** 10
Grüne Suppe nach Art des Minho
**Canja com hortelã** 70
Hühnersuppe mit Minze
**Canja de conquilhas** 160
Muschelsuppe mit Reis
**Gaspacho à alentejana** 134
Kalte Sommersuppe
**Presunto à algarvia** 164
Rohschinken mit Früchten
**Presunto assado em boa companhia** 78
Schinken in guter Gesellschaft
**Salada de mariscos e mangas** 190
Garnelensalat mit Mangos
**Salada rica Cabo da Roca** 98
Meeresfrüchtesalat Cabo da Roca
**Sopa à alentejana** 132
Koriander-Knoblauch-Suppe mit pochierten Eiern
**Sopa de cebola à madeirense** 188
Zwiebelsuppe nach Art von Madeira
**Sopa de lebre** 162
Wildhasensuppe
**Sopa de pão** 40
Brotsuppe mit Gemüse
**Torradas à moda do Minho** 12
Weißbrot mit Hühnerlebercreme

## Fleischgerichte

**Alcatra** 208
Geschmorte Kalbshaxenscheiben
**Arroz de coelho** 148
Kaninchenreis
**Arroz de forno** 76
Ofenreis
**Batatas bêbadas** 86
Betrunkene Kartoffeln
**Bifes à madeirense** 200
Filets nach Art von Madeira
**Bifes à portuguesa** 176
Beefsteaks nach portugiesischer Art
**Bifes de cebolada** 116
Rinderfilet mit Zwiebel-Tomaten-Sauce
**Cabrito assado** 54
Gebratenes Zicklein
**Carne de porco de coentrada** 50
Schweinekoteletts mit Koriander
**Carne de vinha d'alho** 204
Schweinefleisch in Wein-Knoblauch-Sauce
**Chanfana à moda da Bairrada** 80
Lammragout im Schmortopf
**Coelho bêbado** 82
Beschwipstes Kaninchen
**Costeletas de borrego com tomatada** 178
Lammkoteletts mit Tomatensauce
**Costeletas de vitela à moda de Guimarães** 24
Kalbskoteletts nach Art von Guimarães
**Cozido algarvio** 180
Eintopf nach Art der Algarve
**Cozido de lagoa das Furnas** 202
Eintopf mit Fleisch und Gemüse
**Espetada** 206
Grillspieß
**Feijoada à transmontana** 60
Bohnentopf nach Art von Trás-os-Montes
**Lombo de porco com amêijoas à alentejana** 146
Schweinefleisch mit Muscheln nach Art des Alentejo
**Migas à alentejana** 136
Migas nach Art des Alentejo
**Perna de carneiro recheada** 124
Gefüllte Lammkeule
**Rojões** 26
Marinierte Schweinefleischwürfel
**Vitela enrolada** 114
Gefüllte Kalbfleischröllchen

## Fisch und Meeresfrüchte

**Amêijoas na cataplana  168**
Muscheln in der Cataplana
**Bacalhau à Gomes de Sá  20**
Klippfisch nach Gomes de Sá
**Bifes de atum  172**
Marinierte Thunfischscheiben
**Caldeirada de enguias  72**
Aaleintopf mit Tomaten
**Caldeirada de lulas  198**
Tintenfischeintopf
**Caldeirada rica  142**
Reicher Fischtopf
**Camarões à moda de Peniche  100**
Spaghetti mit Garnelensauce
**Canja de conquilhas  160**
Muschelsuppe mit Reis
**Cavalas com molho de vilão  194**
Makrelen mit Weinsauce
**Escabeche de peixe  174**
Marinierte Fischfilets
**Filés de linguado à moda de Setúbal  108**
Seezungenfilets nach Art von Setúbal
**Gambas com vinho do Porto  18**
Garnelen in Portwein
**Lagosta suada à moda de Peniche  110**
Languste nach Art von Peniche
**Lulas à moda do Portimão  170**
Tintenfische nach Art von Portimão
**Lulas recheadas  102**
Gefüllte Tintenfische
**Pataniscas de bacalhau fresco  104**
Fischbällchen aus Kabeljau
**Pescada à madeirense  196**
Seehecht mit Muscheln
**Pescada assada à lisboeta  112**
Gebratener Seehecht nach der Art von Lissabon
**Salada rica Cabo da Roca  98**
Meeresfrüchtesalat Cabo da Roca
**Salmonetes à moda de Sines  144**
Rotbarben mit Oliven
**Santola recheada  74**
Gefüllter Taschenkrebs
**Sardinhas fritas à moda de Viana do Castelo  22**
Gebratene Sardinen nach Art von Viana do Castelo
**Tamboril no forno  106**
Seeteufel im Ofen
**Trutas do Rio Cávado  48**
Forellen vom Rio Cávado

## Geflügel und Wild

**Arroz açafrão  140**
Safranreis mit Hühnerfleisch
**Arroz de coelho  148**
Kaninchenreis
**Arroz de pato à moda de Braga  16**
Entenreis nach Art von Braga
**Coelho bêbado  82**
Beschwipstes Kaninchen
**Empadas de galinha  122**
Hühnerpastetchen
**Frango com vinho verde  30**
Hähnchen mit Vinho verde
**Frango na púcara  120**
Hähnchen im Tonkrug
**Galinha recheada à moda de Alto Barroso  56**
Gefülltes Huhn nach Art von Alto Barroso
**Javali à moda de Murça  52**
Wildschweinkoteletts mit Pilzen
**Perdizes com cogumelos  58**
Rebhühner mit Pilzen
**Pombos à alentejana  150**
Tauben nach Art des Alentejo
**Pombos à moda de Coimbra  84**
Täubchen nach Art von Coimbra
**Sopa de lebre  162**
Wildhasensuppe

## Gerichte mit Innereien

**Iscas à portuguesa  118**
Marinierte Leber
**Tripas à moda do Porto  28**
Kaldaunen nach Art von Porto

## Reisgerichte

**Arroz açafrão** 140
Safranreis mit Hühnerfleisch
**Arroz de coelho** 148
Kaninchenreis
**Arroz de forno** 76
Ofenreis
**Arroz de pato à moda de Braga** 16
Entenreis nach Art von Braga

## Eiergerichte

**Espargos com ovos** 152
Spargel mit Eiern
**Ovos mexidos à moda da Beira Alta** 46
Omelett nach Art der Hohen Beira
**Ovos verdes** 14
Grüne Eier

## Gemüse und Salate

**Abacate à moda da Funchal** 192
Gefüllte Avocados
**Abóbora frita** 88
Kürbis im Backteig
**Batatas bêbadas** 86
Betrunkene Kartoffeln
**Espargos com ovos** 152
Spargel mit Eiern
**Esparregado de acelgas** 62
Mangoldbrei
**Feijão verde à minhota** 32
Grüne Bohnen nach Art des Minho
**Feijoada à transmontana** 60
Bohnentopf nach Art von Trás-os-Montes
**Peixinhos da horta** 154
Bohnen in Backteig
**Salada de tomate assado** 166
Tomatensalat
**Sopa de pão** 40
Brotsuppe mit Gemüse

## Saucen

**Molho de piri-piri** 138
Scharfe rote Pfeffersauce

## Süßspeisen und Kuchen

**Bolo mimoso** 184
Kürbiskuchen
**Farófias** 126
Schneeklöße
**Leite-creme à moda do Porto** 34
Milchcreme nach Art von Porto
**Maçãs assadas à transmontana** 64
Bratäpfel mit Portwein
**Mousse de chocolate** 210
Schokoladenmousse mit frischen Feigen
**Mousse de limão** 90
Zitronenmousse mit Karamelsauce
**Pastéis de nata** 128
Sahnepastetchen
**Pastéis de Santa Clara** 94
Teigtaschen Santa Clara
**Pinhoadas** 156
Pinien-Honig-Plätzchen
**Pudim de laranja** 182
Orangenpudding
**Rebuçados de ovos** 92
Konfekt aus Coimbra
**Sonhos** 36
»Träume« (Küchlein aus Brandteig)
**Sorvete de abacaxi** 212
Ananassorbet
**Tigelada** 66
Gebackene Creme